M. Mirjam Schröder
M. Sabine Schröder

Spiegel der Seele

Erleben, was Gestaltende
Psychotherapie sein kann

Klett-Cotta

Verlagsgemeinschaft Ernst Klett Verlag –
J. G. Cotta'sche Buchhandlung
Alle Rechte vorbehalten
Fotomechanische Wiedergabe
nur mit Genehmigung des Verlages
© Ernst Klett Verlag für Wissen und Bildung GmbH,
Stuttgart 1992
Printed in Germany
Textbearbeitung und Redaktion: Irmela Köstlin
Grafische Gestaltung: Susanne Hauser
Umschlag: Klett-Cotta Design
Gesetzt aus der 11 Punkt Poppl Pontifex
von Steffen Hahn FotoSatzEtc., Kornwestheim
Gedruckt von Wilhelm Röck, Weinsberg
Gebunden von Lachenmaier, Reutlingen

Die Deutsche Bibliothek – CIP-Einheitsaufnahme

Schröder, M. Mirjam:
Spiegel der Seele: Erleben, was Gestaltende Psychotherapie
sein kann / M. Mirjam Schröder; M. Sabine Schröder.
[Textbearb. und Red.: Irmela Köstlin]. – 1. Aufl. – Stuttgart:
Klett-Cotta, 1992
ISBN 3-608-95856-8
NE: Schröder, M. Sabine:; Köstlin, Irmela [Bearb.]

INHALT

EINBLICKE – RÜCKBLICKE – AUSBLICKE

In Dankbarkeit all denjenigen gewidmet, die uns begegneten, uns durch kreative Mitarbeit stimulierten und uns an ihren Nöten und Freuden teilnehmen ließen. Sie gaben uns den Mut, in einer schulenübergreifenden Weise weiterzuarbeiten mit dem Ziel, Hilfe zur Selbsthilfe entstehen zu lassen.

Mit diesen Seiten erheben wir nicht den Anspruch, eine wissenschaftliche Einführung in ein spezifisches psychotherapeutisches Verfahren zu geben. Wir werden aus der Fülle des schöpferischen Gestaltungsvermögens, dem wir in unserer psychotherapeutischen Arbeit Tag für Tag begegnen, ganz bewußt nur einzelne Erfahrungen auswählen, deren Tiefe und Bedeutung für den einzelnen in seiner jeweiligen Situation nur angedeutet werden kann. Wir wollen Raum lassen für die spielerische, freie Assoziation und die eigene Experimentierfreudigkeit des Lesers.

Aufgrund eigener jahrelanger Erfahrung mit der traditionellen Psychoanalyse ist uns klar geworden, daß eine Auseinandersetzung mit der eigenen Intuition von ganz entscheidender Bedeutung ist. Wir konfrontieren nicht nur uns selbst mit dem eigenen inneren Prozeß, sondern auch unser Gegenüber in starkem Maße, ja wir provozieren ihn und locken damit seine intuitiven Kräfte heraus. Unser intuitives Erfassen des Gegenübers ermöglicht es ihm, auf unsere gezielt eingesetzte Provokation einzugehen. Sie wird so zum Motor der Veränderung.

Mögen immer mehr Psychotherapeuten Mut fassen, ihren Patienten Hilfe zur Selbsthilfe zu geben, indem sie in schöpferischer Weise in sich hineinhören, hineinspüren, hineinschauen. So können wir Psychotherapeuten für unsere »Patienten« Wegbegleiter sein auf der Suche nach ihrer eigenen inneren Wahrheit.

> Es ist nichts unwiderstehlicher
> als die Lockung, den inneren
> Raum des Menschen zu betreten.
>
> Elias Canetti

Im Sinne Elias Canettis schöpfen wir aus dem inneren Raum unsere Bilder und Gefühle. Diese bestimmen unsere Wahrnehmungen und färben alle unsere Verhaltensweisen, Beziehungen, geistigen Aktivitäten, kurz: sie gestalten unseren Zugang zur äußeren Welt. In diesem Sinne sprechen wir ja auch von »Lebensgestaltung«.

8

Die innere Welt bildet aber auch die Grundlage für all das, was wir gestalten, im Wortsinne hervor-bringen: bildnerische Gestaltungen, Gedichte, Musik, Tanz usw. Indem wir uns in unsere Gestaltungen hineindenken und hineinbegeben, spüren wir uns selbst. Durch die schöpferische Gestaltung unserer eigenen inneren Kräfte können wir unsere Stärke und Ruhe (wieder-)finden.

Die unterschiedlichen kreativen Prozesse (Ton/Collage/ Literatur/Masken u. a. m.) ermöglichen uns, das uns belastende Thema zu umkreisen, im wahrsten Sinne des Wortes zu um-gehen, d. h. rundherum zu gehen, bis der Patient reif ist wahrzunehmen, daß sein bisheriger Um-Gang mit dem Problem, das Um-Gehen, der Vermeidung seines Problems diente. Erst jetzt ist er in der Lage, sich dem belastenden Thema zu stellen. Er traut sich, weil er oft genug mit unterschiedlichen Medien darum herum gegangen ist, jetzt zu, ins Zentrum zu gehen. Das so gewonnene Selbstvertrauen führt ihn zu seinen ganz persönlichen Lösungen. Alle Gestaltungen, die eingebettet sind in das psychotherapeutische Gespräch, lassen sich zu einem Ganzen aneinanderreihen – zu unserer eigenen Geschichte – wie die Seiten eines Buches. Dieses »Buch« kann immer wieder gelesen, durchgeblättert, kritisiert, bewundert, umgestaltet, ergänzt werden.

Mehr denn je steht heute der Mensch vor der Aufgabe, seinen *eigenen* Weg für sich zu finden, während er früher meistens in religiösen weltanschaulichen Traditionen und einem geschlossenen gesellschaftlichen Ordnungssystem Halt und Orientierung fand. Psychologisch gesehen könnte man diese Tatsache so beschreiben: Wir sind den sog. Kinderschuhen entwachsen und entwickeln uns gemäß der Entwicklungspsychologie über pubertäre Krisen allmählich zur Mündigkeit hin. Daß diese Herausforderung Angst, Einsamkeit, Passivität, Mangel an Freude nach sich zieht, erleben wir im therapeutischen Alltag. Dabei ist es von größter Bedeutung, daß wir unsere fortdauernde Abhängigkeit im psychischen und geistigen Bereich nicht übersehen. Wie wäre sonst das gesteigerte Sicherheitsbedürfnis des modernen Menschen zu verstehen, das sich nicht nur im Materiellen äußert?

Jede Kultur zeigt ihre spezielle Eigenart, indem sie gewisse Entwicklungen zuläßt oder vernachlässigt. Sind diese Entwicklungen allzu einseitig, dann wird der einzelne verunsichert und kommt aus der Balance. Er gerät in Spannungen. Ein labiles Ich jedoch ist in diesem Zustand wesentlich leichter manipulierbar und damit verführbar. Ungestillte Bedürfnisse und Wünsche machen – solange sie unbewußt bleiben – anfällig für Abhängigkeiten jeder Art. Auf der Suche nach (imaginärer) Wunscherfüllung können sich dann materielle wie auch immaterielle Süchte entwickeln, ein Phänomen, das in den modernen Gesellschaften immer weiter um sich greift.

Die Art, *wie* wir mit den ethischen Fragen umgehen, wird unsere Zukunft wesentlich mitgestalten. Ortega y Gasset sagte:

> »Von dem, was man *heute* denkt,
> hängt das ab, was *morgen* auf Plätzen
> und Straßen gelebt wird.«

Alles, was geschieht
und uns zustößt,
hat einen Sinn —
doch ist es oft schwierig,
ihn zu erkennen.
Auch im Buch des Lebens
hat jedes Blatt zwei Seiten.
Die eine obere
schreiben wir Menschen
mit unserem Planen,
Wünschen und Hoffen,
aber die andere
füllt die Vorsehung,
und was sie anordnet,
ist selten unser Ziel gewesen.

Orientalische Weisheit

Horror vacui – das leere Blatt

Alles ist in Allem   *In Allem ist Alles*

Die Kunst ist eine Vermittlerin des
Unaussprechlichen, darum erscheint
es eine Torheit, sie wieder durch Worte
vermitteln zu wollen.
Doch indem wir uns darum bemühen,
findet sich für den Verstand so
mancher Gewinn, der dem ausübenden
Vermögen auch wieder zugute kommt.

Goethe

In den folgenden Kapiteln wollen wir einige immer wieder-
kehrende Themen der Psychotherapie gemeinsam betrachten. Dabei möchten wir Sie auffordern, recht viel zu
verweilen, d. h., nicht von Seite zu Seite hindurchzuhasten.
Wir empfehlen Ihnen vielmehr, auf jeder Seite zunächst
einmal innezuhalten und sich die folgenden Fragen zu
stellen:
- Wie ginge *ich* damit um?
- Wie sieht *meine* Phantasie dazu aus?
- Wie wirkt *diese* Gestaltung auf mich?

Es gibt auf diese Fragen keine »richtigen« oder »falschen«
Antworten. Entscheidend ist allein, ob ich mit mir hier und
jetzt im Einklang bin. Wenn der Einklang, das Stimmigsein,
nicht erreicht werden kann, stimmt etwas nicht. Dann
könnten sich Fragen ergeben wie:
- Was mache *ich* falsch?
- Welcher Fremdeinfluß läßt mich nicht auf meine *innere*
Stimme hören?

Beginnen wir also mit der *Wirkung* der kommenden Seite
auf Sie. Stellen Sie sich bitte folgende Fragen:
- Was sagt mir dieses Blatt?
- Was möchte *ich* damit machen?
- Inspiriert oder ängstigt es mich?
- Wie würde *ich* reagieren, wenn ich es gestalten müßte/
wollte?

Empfinden Sie beim Betrachten des unbeschriebenen Blattes ein Zögern, eine Unsicherheit, eine gewisse Unruhe

oder Spannung bei dem Wunsch, etwas auszudrücken, was noch keine Gestalt angenommen hat, oder haben Sie vielleicht sogar Ärger verspürt? Ihre eben gespürte Reaktion kann ein Ausdruck Ihrer gegenwärtigen Befindlichkeit sein, insofern ist sie in diesem Augenblick für Sie »stimmig«. Die Wirkung des leeren Blattes signalisiert, wie wir mit einer Leerseite unseres Lebens-»Buches« umgehen. Sind wir in der Lage, aus dem sog. Nichts etwas entstehen zu lassen? Wollen wir das überhaupt? Werden wir durch das »Nichts« zur freien Gestaltung animiert oder überfällt uns ein Horror vacui, ein Grauen vor der Leere? In jedem Fall drückt die Empfindung des einzelnen vor dem leeren Blatt *sein* momentanes Lebensgefühl aus, bei dem zu verweilen in der Psychotherapie oft sehr wichtig ist. Das Grauen vor der Leere kann erwachsen aus dem Verlust eines geliebten Menschen, aus dem schmerzlichen Verlust der ursprünglichen Verbundenheit mit der Natur, aus der Erfahrung der Entfremdung und Sinnlosigkeit der täglichen Arbeit. Es kann auch ein Zeichen der augenblicklichen Angst vor der Herausforderung des leeren Blattes sein, als Ausdruck eigener innerer Leere und Unzulänglichkeit.

Ein leeres, weißes Blatt – Weiß, das Spektrum, in dem alle Farbigkeit enthalten ist – vermittelt dem schöpferischen Menschen aber auch das Freiheitsgefühl, hier und jetzt gestalten zu können. So können Sie angesichts eines starken Ausdruckswunsches auch in die Entscheidungskrise geraten, aus der Fülle der andrängenden Einfälle auswählen zu müssen.

Es kann aber auch zu Erlebnissen kommen, die Meditationserfahrenen nicht unvertraut sind: Das leere Blatt erzeugt so etwas wie einen inneren Strudel, einen Sog, eine Art Selbstvergessenheit, einen Rausch der Leere, der oft schwer einzugrenzen ist. In jedem Fall sind wir angesichts des leeren Blattes auf uns selbst verwiesen, d. h., wir müssen uns mit uns selbst auseinandersetzen.

Wir protokollieren die Reaktionen der Patienten, die im Fortgang der Arbeit ständig durch weitere Erlebnisfacetten bereichert werden, und verwerten sie zu gegebener Zeit.

Was ist Gestaltende Psychotherapie?

Alles ist in Allem　　*In Allem ist Alles*

Die *Gestaltende Psychotherapie* ist eine Psychotherapieform, die das Element des Schöpferischen zur Grundlage des therapeutischen Handelns macht. Wir sprechen heute so viel von Kreativität. Was bedeutet »Kreativität«? Jede begriffliche Festlegung ist zwangsläufig eine Ein-, Be- oder Abgrenzung. Von daher ist jeder Versuch, diesen Begriff definitiv festzulegen, von vorneherein zum Scheitern verurteilt. Kreativität umfaßt ja gerade breite Bereiche des verbal nicht Erfaßbaren. Dem ursprünglichen Wortsinn des lateinischen »creare« folgend, hat »Kreativität« etwas mit Zeugen, Gebären, Schaffen und Erschaffen zu tun. Wir assoziieren den Schöpfungsakt, und mit der Vorstellung des Zeugens und Gebärens verbinden wir zugleich die Vorstellung vom Ursprung, Geheimnis und Risiko des Seins, aber auch ein Hinausstoßen aus dem mütterlichen Leib und ein Hineinsetzen in die Welt. Beides, Zeugen und Gebären, sind Aspekte des Schöpfungsaktes.

In diesem Sinne ist Kreativität etwas Dynamisches, ein Prozeß, der Ursprung und Ziel in sich birgt. Dabei dürfen wir nicht außer acht lassen, daß so viele unterschiedliche Arten schöpferischen Ausdrucks möglich sind, wie es menschliche Erlebens- und Verhaltensformen gibt.

Die Gestaltende Psychotherapie ist ein tiefenpsychologisch fundiertes Verfahren. Wir verstehen sie als *einen* möglichen Weg, seelische Konflikte unter Einbeziehung musisch-kreativer Elemente auch über das nicht-sprachliche Geschehen auf der Analogieebene zu bearbeiten. Das allen tiefenpsychologischen Psychotherapieverfahren gemeinsame Ziel ist es, den Menschen selbstkritischer, freier, kreativer und beziehungsfähiger, d. h. »heil« im Sinne von »ganz« werden zu lassen.

Eine indianische Weisheit sagt:

>»Die Hand ist das Werkzeug meiner Seele«.

Kant hat es so ausgedrückt:

>»Die Hand ist das äußere Gehirn.«

Das mit der Hand Gestaltete kann betrachtet werden, und der Patient kann damit umgehen, darüber meditieren und also auch intellektuell »be-greifen«, was die Hand bereits

»gewußt« hat. Der jeweilige Gestaltungsprozeß wie auch das entstehende/entstandene Produkt bringen nicht nur persönliche Individualität und Lebenserfahrung zum Ausdruck, sie können auch *Medium* der Selbsterfahrung und schrittweisen Bewußtwerdung sein. Die Gegenwart des Dritten, des Gestalteten, das wir auch das Gestalt gewordene innere Bild nennen können, bildet eine Brücke sowohl zwischen Innen und Außen als auch zwischen Patient und Therapeut. Damit können Übertragungsphänomene, die den rein verbalen Therapien oft Schwierigkeiten bereiten, eher in den Hintergrund treten. Nähe und Distanz regulieren sich von selbst.

Die Schöpfungen des Patienten stehen als konkret wahrnehmbare Wirklichkeit zwischen Patient und Therapeut. Sie reduzieren die Anfälligkeit des Therapeuten für Projektionen und unerkannte Gegenübertragungen. Sie bilden die Brücke zum therapeutischen Dialog. Für diesen Prozeß spielen künstlerische Kriterien keine Rolle.

Die *Gestaltende Psychotherapie* zeichnet sich gegenüber den verbalen Psychotherapien durch folgende Aspekte aus:
- Das therapeutische Gespräch wird entintellektualisiert.
- Der Konflikt wird aufgrund der Gestaltung rascher sichtbar, der Einstieg in die Therapie wird somit erleichtert.
- Die Behandlungsdauer wird verkürzt.
- Das Arbeiten auf der Analogieebene ermöglicht eine diskretere Bearbeitung.
- Die Therapie kann durch die selbstgeschaffenen Gestaltungen – mit denen der Patient immer wieder in Dialog treten kann – über Monate, oft über Jahre hinaus nachwirken.

In der schöpferischen Auseinandersetzung des Künstlers wie des Psychoanalytikers/Psychotherapeuten geht es darum, *innere Wahrheit* zu entdecken. Da die künstlerische Arbeit von *innen nach außen gekehrte Traumarbeit* ist, kann sie wie ein Traum bearbeitet werden. Freud selbst hat in

Totem und Tabu (1913) Phantasie und Kunst als *Inseln der Freiheit* bezeichnet. Kunst wie Psychoanalyse und Psychotherapie ermöglichen eine angstfreie Kommunikation mit den »Inseln des Unbewußten« und fördern so den Reifungsprozeß.

Unsere Arbeit wird weniger über das Wort vermittelt als über das *Erleben,* aus dem jede/jeder etwas von sich selbst *erfahren* kann und Möglichkeiten des *Erkennens* gewinnt. Es handelt sich bei der tiefenpsychologisch fundierten Gestaltenden Psychotherapie um eine im besten Sinne eklektische, d. h. vielseitige Therapieform, deren Ausbildungsgang noch keineswegs fest etabliert ist. Hier ist vielmehr etwas Neues im Entstehen, eine Art stille Revolution von unten. Eine erweiterte Bewußtheit bei vielen Menschen findet ihren Ausdruck in dem Wunsch nach ganzheitlichen Therapieformen, deren Entwicklungen sich wohl über Generationen erstrecken werden. Auch die zaghaften, allerorts zu beobachtenden Ansätze der Kunsttherapie weisen in diese Richtung. Auswüchse wie Sackgassen gehören dazu. Sie sollten jeweils kritisch gesehen und überprüft werden.

Schöpferisches Tun fördert die Phantasie, entspannt und konzentriert zugleich. Es hilft uns bei der Überwindung von schwierigen Situationen. Es ermöglicht uns eine andere Sicht auf uns selbst. Unser nicht zweckbestimmtes Tun läßt einen spielerischen Umgang auch mit angstbesetzten Themen zu. Spielend fällt es uns leichter, uns mit unserem eigenen Thema – evtl. mit Hilfe unterschiedlicher Medien – auseinanderzusetzen. Unsere gestalterischen Mittel wie Zeichnen, Malen, Kneten, Modellieren, auch Collagen, kreative Arbeiten mit Papier, Farbe, Ton, Holz, Stein und allen möglichen Abfällen, sprachliche und schriftliche Ausdrucksformen, vokale und instrumentale Musik, Bewegung des Körpers im meditativen Tanz u. a. m. sind dabei eine wertvolle Hilfe. So können wir unsere Angst *vertonen,* im doppelten Wortsinn (Musik/Lehm), als Fingerpuppe zu Wort kommen lassen, als Marionette tanzen lassen, hinter einer Maske verstecken.

Wir möchten mit unserer Arbeit das in Vergessenheit geratene *Michaelische Prinzip* wieder wachrufen, wonach durch tägliches Einbeziehen künstlerischer Prozesse die Auswirkungen kränkender Elemente in unserem Alltag eliminierbar sind.

Erst eine Anhäufung von Kränkungen macht uns krank. Die vom Patienten gewählte Krankheit – seine Achillesferse – können wir je nach Individuum und Situation retrospektiv verstehen. Mit der Gestaltenden Psychotherapie haben wir eine Möglichkeit, die Kränkungen zu erkennen und zu bearbeiten, bevor sie sich als Krankheit manifestieren. Hier nun kommt alles auf die Kunst des Therapeuten an, das »Angebot« des Patienten empathisch und intuitiv im richtigen Augenblick aufzunehmen und adäquat damit umzugehen. Gemeinsam mit dem Patienten, dessen Assoziationen zu seinem Werk uns leiten, nähern wir uns allmählich dem Sinngehalt seiner Schöpfungen, der auf mehreren zeitlichen und räumlichen Ebenen erfaßt sein will.

In dem Bemühen, unseren Patienten jeweils individuell gerecht zu werden, haben wir ein schrittweises Vorgehen entwickelt:

I   Imaginieren → Phantasieren → Wahrnehmen: Offensein nach innen wie nach außen. Das für mich *Wesentliche* wird dann spürbar.

II Gestalten → Erleben → Handeln → Umsetzen von Phantasie bei emotionaler Beteiligung → Gestalten bei freier Wahl von Material wie Technik.

III Assoziieren → Erfahren → Konfrontation mit dem gestalteten Objekt, Erweiterung des Themas durch neue Assoziationen und Einfälle (ggf. mit Hilfe von Gruppenphantasien).

IV Beobachten → Klären → Konfrontieren.

V   Betrachten → Fragen → Alternativen suchen → evtl. Deutungen geben.

VI Erkennen → Strukturieren → Integrieren → Erweiterung der Wahrnehmung.

Was ist Psychotherapie? Eine bildliche Erklärung.

Wie oft stehen wir vor der Schwierigkeit, erklären zu müssen, was Psychotherapie ist, wenn Patienten sich unter der auf sie zukommenden Psychotherapie/Psychoanalyse nichts vorstellen können, ja sogar mit Ängstlichkeit sich irgendeinem »magischen Zauber« ausgesetzt fühlen ... Da der Seele das *Bild* näher ist als das Wort, bietet sich ein kreatives Geschehen an, welches zugleich die Prozeßhaftigkeit von Psychotherapie/Psychoanalyse bildlich veranschaulicht. Damit setzen wir uns und den Patienten im wahrsten Sinne des Wortes ins Bild.

Wir möchten hier eine schon seit Jahrzehnten praktizierte Methode, die sog. *Abspreng-/Reduktionstechnik,* kurz schildern. Material: gut geleimter weißer Karton, aus der Tube gedrücktes Deckweiß; schwarze, wasserunlösliche Ausziehtusche; breiter Haarpinsel; Wasserstrahl.

Dieses an sich einfache Verfahren wird in drei Sitzungen angegangen, eingebaut in Gespräch und Fragen.

In der *ersten Sitzung* erlebt der Patient zunächst eine weiße, unbeschriebene Fläche – seinen Lebensraum; dann erhält er die Aufgabe, auf den gut geleimten weißen Karton mit weißer Farbe etwas zu malen, zu gestalten (möglichst mit der Tube malen). Diese Aufgabenstellung, »weiß auf weiß« zu malen, mutet den Patienten verständlicherweise zunächst paradox an, was er meist auch zum Ausdruck bringt. Wir notieren seine Äußerungen.

Das Tun offenbart dann, daß es gar nicht so unsinnig ist, etwas Weißes auf Weißem darzustellen, da das Deckweiß durch seine Beschaffenheit eine gewisse »Erhabenheit« aufweist und eine bildhafte Struktur hinterläßt.

In der *zweiten Sitzung* wird der Patient angehalten, sein inzwischen getrocknetes weißes Erlebnis mit schwarzer Ausziehtusche und lockeren, »saftigen«, breiten Pinselstrichen gänzlich zu übermalen. Daß hier häufig extreme Widerstände hochkommen und Überwindung aufgebracht werden muß, ist sicherlich nachvollziehbar. Die meisten Menschen können etwas, das sie einmal geschaf-

22

fen haben, nicht einfach überdecken, *wegwischen* (verdrängen). Wir notieren sämtliche Äußerungen und bauen sie bei passender Gelegenheit in den therapeutischen Dialog ein.

In der *dritten Sitzung* bitten wir den Patienten, sein Bild unter einen Wasserstrahl zu halten. Dabei dreht der Therapeut den Wasserhahn auf und verstärkt den Strahl durch Fingerdruck. Die Frage ist nun, wie der Patient dieses Angebot annimmt: Läßt er überhaupt Wasser über sein Bild laufen, hält er es nur am Rande unter den Wasserstrahl oder stößt er sofort ins Bildzentrum vor..? Es hängt von der mit dem Daumen leicht zu verändernden Stärke des Wasserstrahls ab, wieviel von dem zuvor weiß Gemalten wieder zum Vorschein kommt, wieviel abgesprengt wird. Das Bild hat sich dadurch total verändert. Ein Hintergrund tritt in Erscheinung.

Wir möchten hier die Assoziationen einer achtzehnjährigen Anorexia-nervosa-Patientin wiedergeben.

Erste Sitzung: Ein weißes Erlebnis
- Vielleicht ein Spaziergang im Schnee, Schneelandschaft oder besser ein Ritt.
- Weiß auf Weiß ist eigentlich getarnt…
- Weißes Roß im Galopp im Schnee – Schnee wirbelt hoch.
- Alltag vergessen, Natur genießen und Schönheit – vielleicht trifft man noch wilde Tiere.
- Schönes Erlebnis.
- Das ist der Weg, den man durch den Schnee zurücklegt.

- Weiß auf Weiß gibt keinen Kontrast, ist Ton in Ton – stört mich nicht, es harmonisiert.

Therapeutin: Wo bist du?

- Ich bin zwischen den ersten beiden Schleifen.

Zweite Sitzung: Alles schwarz übermalen

- Jetzt ist es Nacht.
- Alles vertuschen, wegmachen. Es ist ja ein schönes Erlebnis gewesen – das Weiße – und jetzt ist es nicht mehr schön, schlechte Erinnerung.
- Ist vernichtet oder geheimnisvoll.

Therapeutin: Handelt es sich um einen Kontrast?

- Ja, es ist Kontrast. Muß aber nicht unbedingt negativ sein.

Therapeutin: Hat es dir leid getan, das Weiße zu übermalen?

- Nicht unbedingt, kann ja auch so interessant sein.

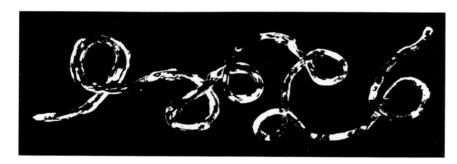

Dritte Sitzung: Mit dem Wasserstrahl das Bild »bearbeiten«

- Lichtblick.
- Das Dunkle wird weggeputzt, weggemacht.
- Das Schöne und Helle kommt wieder hoch und überwiegt.
- Das Positive ist stärker als das Negative.
- Wenn man will, kann man das Schwarze wegputzen, und das Weiße kommt wieder heraus.

Die Psychotherapeutin bittet die Patientin, alle drei Schritte nochmals zu überdenken, nachdem sie alle ihre Äußerungen während der drei Sitzungen nochmals vorgelesen hat:

- Das Weiße ist das Positive, dann kommt das Schwarze

drüber, wo man meint, alles wäre vorbei und überdeckt, und dann merkt man, daß man selber das Schwarze wieder wegschaffen kann.

Therapeutin: Wie kann man das Weiße wieder hervorheben?

- Man muß etwas tun dafür.

Therapeutin: Was?

- Eigentlich mit eigener Kraft, aber auch mit Hilfe von etwas anderem oder jemand anderem – das ist das Wasser gewesen – übertragen auf jemanden.

Psychologischer Vorgang

Das Leben als *Geschichtetes* wird zur *Lebensgeschichte* – eine Schicht kommt auf die andere, bietet die Basis für Neues, verändert, gestaltet die anderen mit, usw.

Dem Patienten wird mittels *seiner* Gestaltung, *seines* Bildes u. ä. klar, ob er mehr oder weniger dick aufträgt, mehr oder weniger *massiv* erlebt, ob er Verdrängtes durch den Wasserstrahl (Psychotherapie) wieder zum Vorschein (Er-innern) kommen lassen möchte.

Man kann auch *zu viel* Therapie machen, kein Ende finden – im technischen Ablauf hier z. B. alles einebnen/verwischen – *kein Profil* zeigen. Wie stark der Psychotherapeut in das Geschehen miteinbezogen wird, hängt vornehmlich von der Aktivität des Patienten ab (entzieht sich der Dusche = der Therapie). Ein nicht unwesentlicher Nebeneffekt: Patienten sehen, daß nur hochkommen kann, was tatsächlich einmal vorhanden war. Sehr häufig erleben wir es, daß Menschen glauben, zuviel »Schwarz« auf ihrem Bild zu haben... Sie erfahren, erkennen, daß *sie* diejenigen waren, die am Anfang das Angebot – Weiß auf Weiß zu malen – zu wenig genutzt hatten (den gegebenen Lebensraum).

Wir verwenden die Methode der Abspreng- oder Reduktionstechnik bei fast allen Patienten, die sich fragen, ob eine Psychotherapie/Psychoanalyse für sie notwendig ist. Die Anwendung dieser Methode ist an kein Lebensalter gebunden, sie bringt das *aufdeckende Element* in Psychoanalyse und Psychotherapie bildhaft und symbolkräftig zum Ausdruck. Die Erkenntnis, daß Konturen oft erst auf dem Umweg über das Vergessen wahrgenommen werden, ist eine nicht unbedeutende Nebenwirkung dieser Technik. Auch in unseren Einführungskursen in die Gestaltende Psychotherapie setzen wir dieses Verfahren gelegentlich im Sinne der Selbsterfahrung ein und stellen immer wieder fest, wie aussagekräftig es ist.

3

Beziehungsklärung über Punkte/Holzfiguren

Alles ist in Allem   *In Allem ist Alles*

Begleiten Sie uns jetzt einen Schritt weiter.

Dem leeren Blatt folgt nun ein Punkt (●). Ein Punkt, mein Punkt, also Ich als Punkt. Schließen Sie die Augen, setzen Sie sich entspannt hin, stellen Sie sich einen freien Raum vor und suchen sie dort *Ihren* Platz. Stellen Sie sich selbst als Punkt vor, der sich hier und jetzt an der von Ihnen ausgesuchten Stelle wohlfühlt. Ist der Punkt da..., lesen Sie weiter und lassen Sie die folgenden kleinen Bilder auf sich wirken:

Bemerken Sie die Unterschiedlichkeit der Aussage? Wie würde sich das Bild bei einer Verlegung des Punktes verändern?

Hier ein Beispiel mit den dazugehörenden Assoziationen: Eine 37jährige Frau, voll berufstätig, mit einer fünfjährigen Tochter, alleinlebend, leidet an wechselnden psychosomatischen Störungen (organisch abgeklärt): »Ganz schön frech, sich so in die Mitte zu setzen, dazu auch noch so groß und unübersehbar. Andererseits gefällt es mir, so in meinem Lebensraum zu stehen. Sei bescheiden, stell dich nicht so in den Mittelpunkt, du bist ja nur ein Mädchen... sind andere Gedanken.«

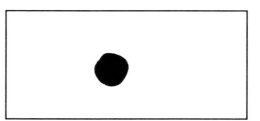

Die Therapeutin spürt hier ein mahnendes Überich und zugleich den Wunsch der Patientin, sich tatsächlich in den Mittelpunkt stellen zu dürfen, was sie in der Realität auch lebte, denn Lebenstüchtigkeit hatte sie wirklich bewiesen. Diese Gedanken flossen in die nächsten Gespräche mit ein, wurden von ihr phantasievoll erweitert und verhalfen ihr zum Aufbau ihres Selbstwertgefühls.

Da ich ja nicht nur alleine lebe, möchte ich in meinem Lebensraum auch mein nächstes Du – gleichfalls als Punkt

– wissen. Wo ist mein nächstes Du? Hier geht es in erster Linie um die Kontaktgestaltung, um Nähe und Distanz. Dazu drei weitere Beispiele mit den sich daraus ergebenden Fragen.

Wer ist Ich, wer Du?
In welche Richtung gehen die beiden?
Ist »er«/»sie« mir Vorbild?
Bin ich sein/ihr Anhängsel?
Warum sind diese Punkte so ungleich?

Was bedeutet die Entfernung?
Löst Nähe Angst oder das Gefühl der Einengung aus?

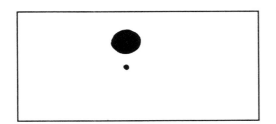

Wer übernimmt die Führung?
Läßt mir der andere Raum?

Ferner kann ich auch meine Beziehung zum Beruf in einer entsprechenden Skizze ausdrücken. Die Bilder sagen mehr als Worte ...

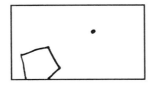  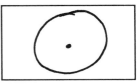

Auch hierzu ein Beispiel mit den dazugehörenden Gedanken eines 42jährigen Kaufmanns (reaktive Depression nach Scheidung):

»Wenn ich mich in meine Skizze ›Ich und mein Beruf‹ ein-
fühle, erschrecke ich, und doch ist es die Realität. Beim
Entstehen hatte ich ein angenehmes Gefühl des sicheren
Geborgenseins. Jetzt beim Betrachten erlebe ich mich als
eingesperrt.«

»Ich und meine Familie« ist ein weiteres wesentliches
Thema. Hier ergibt sich ein Soziogramm, das die Basis
bilden kann zur Klärung familiärer Interaktionen.

Statt der Punkte können wir auch Holzfiguren nehmen,
die uns Einblicke in das jeweilige Beziehungsmuster geben.
Der Umgang mit den Holzfiguren hat sich sehr bewährt.
Er unterzog sich im Laufe der Jahrzehnte einem bedeutsa-
men Wandel. Wie so vieles im Leben bewährte sich letztlich
die *ursprüngliche, einfachste* Form. Die zunächst in den gän-
gigen geschlechtsspezifischen Farben Rot/Blau gestalteten
Holzfiguren wurden später in der Absicht, ihre Wirkung zu
vervollkommnen, mit grauen/blonden/schwarzen/roten
Haaren, mit Brille/Bart usw. versehen. Von diesen »vollkom-
menen« Holzfiguren sind wir jedoch schnell wieder abge-
kommen, da sich für uns die breitere Projektionsfläche der
schlichten, farblosen, unterschiedlich großen und verschieden geformten Holzfiguren als viel wesentlicher
erwies.
Wir lassen zu unterschiedlichen Themen – z.B. »Meine
Kernfamilie, als ich 5, 14 Jahre alt war«, »Meine Wunschfami-
lie«, »Mein Beziehungsnetz« – die verschiedenen Figuren
stellen und bitten dann um die dazu auftauchenden
Gedanken und Assoziationen. Dabei fällt insbesondere die
Anordnung – Nähe und Distanz – und die Wahl der Holzfiguren, was Größe und Form betrifft, ins Gewicht. Auf diese
Weise offenbart sich, welche *Gewichtigkeit* die entsprechenden Figuren für den Gestalter (gehabt) haben.

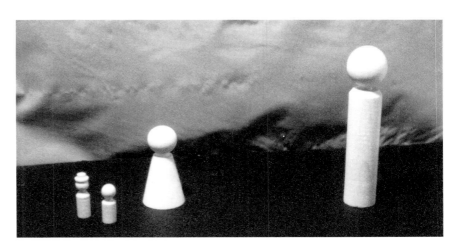

Hier einige Assoziationen:
- Vater war immer übermächtig und weit weg.
- Ich fühle mich im Schutz des kleineren Bruders, der mir aber größer erschien, denn er wurde vom Vater anerkannt.
- Mutter wurde als weibliche Person vom Vater auch nur unter »ferner liefen« betrachtet...

Hier das Beispiel einer 55jährigen Frau, die an Colitis ulcerosa leidet:

»Ich bin die ausgemalte Figur, das älteste von sechs Kindern, die Eltern waren beide berufstätig – ich hatte für die Geschwister zu sorgen. Wenn es nicht klappte, war ich dran.«

Kernfamilie

»Mein Mann macht Karriere und will ungestört sein. Ich fühle mich oft als Puffer zwischen ihm und den Söhnen. Wenn ich mit ihnen nicht fertig wurde (werde), ist es immer nur meine Schuld oder Unfähigkeit. Ich darf nicht an mir zweifeln, ich sei ja erwachsen. Als Kind war es genauso, ich war ja die Älteste, die Vernünftigste. Ich möchte mich so gern mal fallen lassen – das weiß aber keiner.«

Jetzige Familie

Im Anschluß daran folgten Körperübungen des Sich-fallen-lassen-Dürfens.

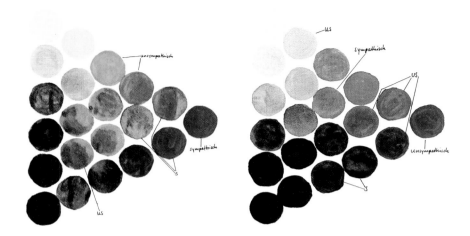

Bei Kontakt- und Einordnungsschwierigkeiten nehmen wir u. a. die Arbeit an zwei *Farbtrauben* zu Hilfe. Aus 21 Kreisen wird eine Traube gezeichnet/gemalt, farblich kombiniert aus der Lieblingsfarbe des Patienten sowie den Farben Schwarz und Weiß, die jeweils an den drei Ecken angesetzt werden. (In einem weiteren Schritt bitten wir den Patienten dann, eine Traube aus der ihm unsympathischsten Farbe und den Farben Schwarz und Weiß zu kombinieren.) Das Wesentliche dabei ist, daß die Übergänge von der Lieblings-farbe/abgelehnten Farbe zu den neutralen Ecken Schwarz und Weiß einfühlsam und konzentriert in ihrer fast stufen-losen Nuancierung gemalt werden.

So wie an einer Weintraube die Beeren verschieden gut schmecken, macht der Patient am Bild der Farbtraube die Erfahrung, daß er nicht alle Anteile seiner Farbtraube (die er ja insgesamt bejaht) gleichermaßen mag. Auch an Menschen, die ihm eigentlich sympathisch sind, schätzt er nicht alle Seiten und Facetten gleichermaßen. Sein Ideal kann er in Wirklichkeit nicht finden, weil er selbst und der andere nie vollkommen sein werden. Solange jedoch die sympathischen Anteile überwiegen, überwindet die Toleranz, die hier gefordert ist, aufkommende Kontaktschwierigkeiten. Diese Erfahrung, das erlebte »Sich-ins-Bild-Setzen«, schützt vor Enttäuschungen. Sie hilft die nötige Abgrenzung zu erhalten, erhöht so den Lebensmut, und zugleich wird durch die Beschäftigung mit den anderen, uns nicht so sympathischen Anteilen das Gefühl der Ablehnung verringert. Wir erkennen, daß wir aufeinander angewiesen sind, und der »Zwang«, mit den unterschiedlichen Anteilen leben zu müssen, wird erträglicher.

Tauchen im alltäglichen Leben Schwierigkeiten auf, so genügt oft schon die Erinnerung an die Farbtrauben, um mit dem anderen zurechtzukommen, denn das Bild ist dem Unbewußten näher als das Wort.

4

Selbstbildnis

Alles ist in Allem *In Allem ist Alles*

Im Repertoire der psychodiagnostischen Verfahren finden wir vielfältige Fragebögen, die Selbsteinschätzung wie Wunschvorstellungen der Patienten abklären sollen. Vorrangig sind Fragen wie diese: Wie sieht sich der einzelne selbst? Wie möchte er sein? Wie sehen und beurteilen ihn die anderen? Diese Fragen können den Patienten in der diagnostischen Phase wie eine Art »Hausaufgabe« mitgegeben werden.

In der Zeit der diagnostischen Abklärung bevorzugen wir skizzenhafte Gestaltungen, die während der therapeutischen Sitzung entstehen, u. a. das Thema *Mein Selbstbild (-nis)*. Wir können das Objekt dann gemeinsam betrachten und es als Basis für weitere Gespräche nehmen. Bei der Betrachtung messen wir der Raumaufteilung, der Form- und Farbgebung nicht nur einen diagnostischen, sondern auch einen nicht zu unterschätzenden therapeutischen Wert zu. Häufig ergeben sich folgende Fragen, die wir dem Patienten stellen: Was möchte der/die/das tun? Wie fühlt er/sie/es sich? u. a. m. Was auch immer gestaltet wird, es ist ein Teil des Gestalters.

Unser Selbstbildnis ist bestimmend dafür, ob wir uns selbst akzeptieren können oder nicht, und das wiederum ist ausschlaggebend für unsere Interaktion mit unseren Mitmenschen. Bei Menschen mit einem gestörten Körperschema – besonders bei den Eßgestörten – erhalten wir häufig Kopfzeichnungen oder unvollständige Menschzeichnungen; meistens stimmen die Proportionen wie auch die Raumaufteilung nicht.

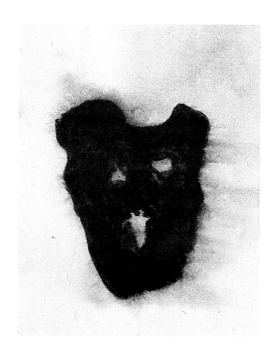

Ein zwölfjähriger Junge mit der Symptomatik Einkoten, Stottern, Blinzeltic, Verhaltensauffälligkeiten sagt beim Betrachten seines Selbstbildes/Selbstporträts: »Das ist eine Maske, dahinter bin ich.«

Seine Psychotherapeutin: »Ja, das weiß ich, dahinter werden wir zusammen arbeiten, bis du sie nicht mehr brauchst.«

Dieses gemeinsame »Geheimnis«, unser Abkommen, bildete das Arbeitsbündnis und wurde die Basis für die notwendige positive Beziehung/Übertragung. Hätten wir nur auf der verbalen Ebene gearbeitet, so hätte die Herstellung eines solchen Arbeitsbündnisses viel mehr Zeit in Anspruch genommen. Die düstere Farbwahl und die selbstgewählte Maske als Eigenporträt bestätigen die anamnestischen Angaben der Mutter, die ihren Sohn als widerlich empfand und total ablehnte. Nur hinter der Maske konnte der Junge ein kümmerliches Eigenleben führen; das Einkoten und Stottern können in diesem Falle als Protest gewertet werden.

Im Betrachten der Selbstbildnisse sind wir Subjekt und Objekt zugleich und bleiben dennoch ein ungeteiltes, unauswechselbares Ganzes, ein Individuum. Die Darstellungen dokumentieren jeweils einen inneren Zustand zu einem ganz bestimmten Zeitpunkt und sollten niemals als etwas Endgültiges gesehen werden. Sie sind ein Mittel zur Selbstbefragung und damit ein Weg zur allmählichen Selbsterkenntnis. Wenn ich mich in Frage stellen kann, erscheinen Störungen bereits in einem anderen Licht; häufig bieten sie die Chance, den dahinter liegenden Konflikt zu bearbeiten.

Ein weiteres Beispiel einer Selbstdarstellung macht deutlich, wie schnell wir durch eine Skizze ins Bild gesetzt werden:

Eine 36jährige promovierte, sehr differenzierte Frau, die sich (nach gründlicher somatischer Abklärung) wegen nicht erfülltem Kinderwunsch einer Psychotherapie unterzog, erkannte, daß sie auch nach fünfjähriger Ehe noch nicht reif für eine Mutterschaft war, da ihr die notwendige Identität und Reife fehlten. Sie war über ihre eigene Infantilität und Oberflächlichkeit erstaunt, die in ihrem Selbstbild zum Ausdruck kamen, konnte jedoch im anschließenden Gespräch in ihrer bisherigen Lebensführung Parallelen dazu finden.

Zum Abschluß dieses Kapitels möchten wir die Reflexionen eines Künstlers zu seinem Bild bringen. Er nennt das Bild »Mensch – Baum der Erkenntnis«.

»Die untere, dunkle Halbkugel stellt die irdische Welt dar. Goldene Fußstapfen sind meine einzige Verbindung zwischen Körper und Erde. Von der Kindheit bis zum Erwachsenenalter wächst der Mensch – rein körperlich gesehen – wie auch jede Pflanze von der Erde dem Licht entgegen. Ohne Licht gibt es kein Wachstum, so wie es ohne Erkenntnis keinen Sinn gibt. Unsere Füße dienen uns hier auf Erden zur Fortbewegung. Die Sinne, als kleine Augen dargestellt, führen uns zur Erkenntnis. Sie können sinnlich oder übersinnlich angewandt werden. Im Erkennen des höchsten Sinnes strecken sich die Hände, d. h., unsere Handlungen richten sich ganz nach dem Licht. Durch diese Wandlung, dargestellt in dem großen Auge – dem höheren, über den irdischen Sinnen liegenden Sinn –, transformiert sich das kleine, auf das Selbst begrenzte Sein zur Ganzheit, zu einem Sein, das man mit Licht bezeichnen könnte. Die Transformation von der Erde zum Himmel ist hier skelettartig abstrahiert.«

Es handelt sich um den Schweizer Künstler Johannes Frischknecht, dem wir sehr danken für die Überlassung seiner Bilder.

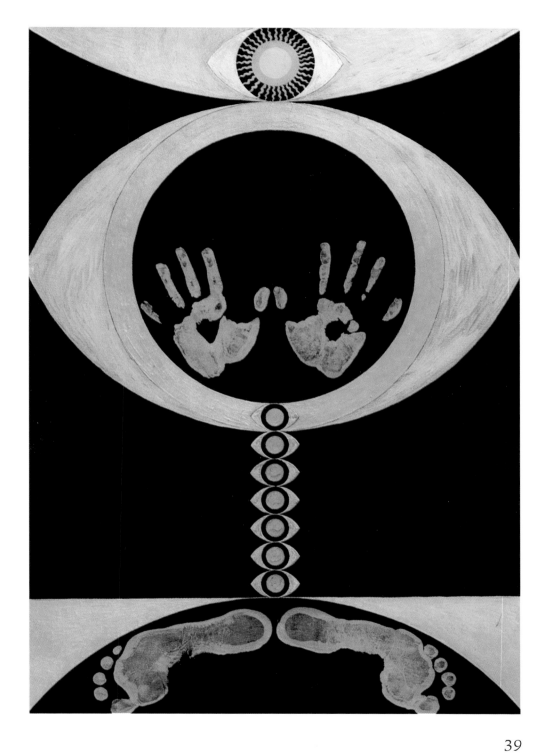

Es ist nicht unsere Aufgabe,
einander näher zu kommen,
so wenig, wie Sonne und Mond
zueinander kommen oder Meer und Land.
Unser Ziel ist, einander zu erkennen
und einer im anderen das zu sehen
und ehren zu lernen, was er ist:
des anderen Gegenstück und Ergänzung.

Hermann Hesse

5

Das
Gegengeschlechtliche
in mir

Alles ist in Allem   *In Allem ist Alles*

Wir leben inmitten grundlegender Veränderungen in der Beziehung zwischen Mann und Frau. Das traditionelle Muster – Unterordnung der Frau und Ausgeschlossensein des Mannes von vielen sog. weiblichen Bereichen – gehört der Vergangenheit an. Der uralte Menschheitstraum von der Aussöhnung der Geschlechter wurde u. a. auch im »Märchen« von Goethe dichterisch gestaltet.

Diese Wandlung braucht ihre Zeit, und sie geschieht nicht mühelos. Sie erfordert ein bewußtes, ausgewogenes Umgehen mit uns selbst und dem Gegengeschlechtlichen in uns. Jede/jeder von uns sollte, unabhängig vom Partner/der Partnerin und vor dem Eingehen einer Beziehung/Partnerschaft »eine Welt für sich um des anderen willen« geworden sein. »Eine Welt für sich« bedeutet dann allerdings nicht ein Sich-selbst-Genügen.

Viele Menschen heute sind in ihrer geschlechtlichen Identität stark irritiert. Daraus entstehen massive (Selbst-)Zweifel, Verunsicherungen, die sich insbesondere im familiären Bereich auf die ungeschützten Kinder auswirken. Sind die eigenen Bedürfnisse und Lebensrollen unklar, dann breitet sich unbewußt ein Unwohlsein aus, das nur selten adäquat verbalisiert wird. In einer solchen Situation ist man nicht in der Lage, dem anderen zuzuhören, geschweige denn ihn zu verstehen.

Tiefere zwischenmenschliche Beziehungen einzugehen ist vielen Menschen, ohne harte Arbeit an sich selbst, nicht möglich, zumal oft Leere und Hoffnungslosigkeit bis hin zur Depression als Folge der Irritation den therapeutischen Zugang blockieren. Gleichbleibendes Wohlwollen von seiten des Therapeuten und eine gute Arbeitsatmosphäre, in der zutiefst hoffnungslose und gerade auch in ihrer geschlechtlichen Identität verunsicherte Menschen sich wohlfühlen können, sind hier besonders wichtig. Mitfühlende Spiegelung und bewußtes Wahrnehmen der durch die Auflösung der traditionellen Geschlechtsrollen entstandenen Konfusion sind die Voraussetzung dafür, daß die eigenen Kräfte des Patienten mobilisiert werden können. Nur so kann sich Neues entwickeln

Das Gegengeschlechtliche in mir als Frau. Protokoll einer Achtunddreißigjährigen:

»Ich dachte sofort an mein Cello, daß das Männliche im Weiblichen geborgen sein muß, auch noch in der Windung des Kopfes, daß sie sich dort aber begegnen. Ich bin rot, ich bin warm. Das Männliche in mir ist kräftig, blau, besonnen. Zusammen können beide in dieser fülligen Form in der Welt sein, die ich als blau – männlich – erlebe. Beim Malen zunehmendes Glücksgefühl, innere Sicherheit und am Schluß eine warme leuchtende Freude, daß die beiden so in Frieden und Harmonie beisammen sind.«

Das Gegengeschlechtliche in mir als Mann. Protokoll eines Dreißigjährigen:

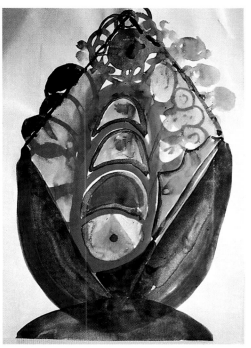

»Das Weibliche in mir als Mann: Ich kann mir zuerst überhaupt keine Vorstellung machen, wie ich das Thema mit Pinsel und Farbe darstellen soll. Ich beginne einfach einmal mit der roten Farbe und male in die Mitte des Blattes ineinander verschlungene Kreise. Dann kommt die blaue Farbe dazu, in der Mitte entstehen nun Formen, die mich an eine Wirbelsäule erinnern. Nun entstehen so Verästelungen und Ausläufer nach außen, und langsam spüre ich, daß ›blau‹ und ›geradlinig‹ für mich männlich bedeutet, während ich mit roten und warmen Farbtönen in eher runden Formen das Weibliche darstellen möchte. Es macht mir richtig Freude, mit den Formen und Farben zu spielen, sie ineinanderlaufen zu lassen, männliche und weibliche Akzente setzen zu können. Dabei verspüre ich plötzlich den Drang, das allzu ungestüm nach außen drängende Rot in einen schwarz-blauen Rahmen zu setzen.

Nachdem ich fertig gemalt und das Bild einige Zeit betrachtet habe, sehe ich plötzlich eine geöffnete, knospenähnliche Schale vor mir. Dabei fällt mir ein, daß ich vielleicht vor sieben oder acht Jahren eine geschlossene Knospe gemalt hätte. Im Verlauf des letzten Jahres ist es mir gelungen, den weiblichen Teil in mir besser zu akzeptieren und zu integrieren, ihm mehr Raum zu geben. Dadurch schaffte ich mir mehr und viel reichere Kontaktmöglichkeiten mit Frauen und Männern, mit der gesamten Natur.

Das Bild wirkt für mich überraschend plastisch, fast wie ein archetypischer Traum, der mir urplötzlich Zusammenhänge und Sinngehalte aufzeigt, die mir bis dahin verborgen geblieben waren.«

Die längste Reise
ist die Reise nach innen.

Dag Hammarskjöld

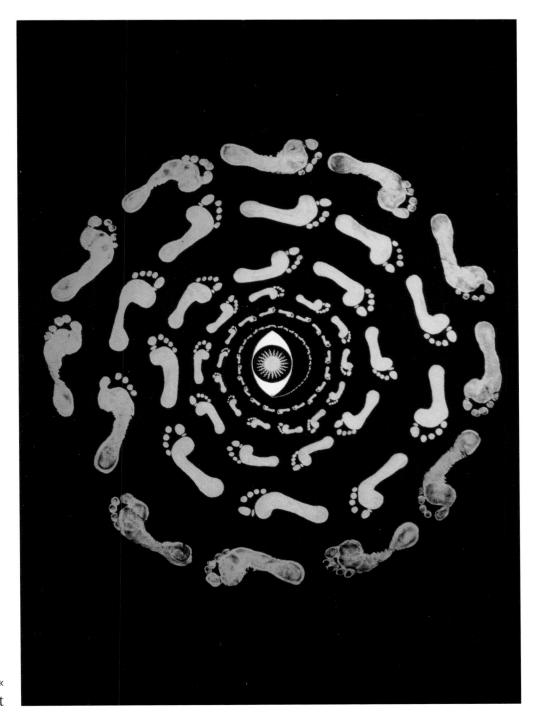

»Weg nach innen«
Johannes Frischknecht

45

Der Mensch hat dreierlei Wege, klug zu handeln: erstens durch Nachdenken, das ist der edelste, zweitens durch Nachahmen, das ist der leichteste, und drittens durch Erfahrung, das ist der bitterste.

Konfuzius

6

Wahrnehmungen

Alles ist in Allem   *In Allem ist Alles*

Therapie ist zu wertvoll, um nur
den Kranken vorbehalten zu sein.

Erving Polster

Die ursprüngliche Zielsetzung der Psychotherapie lag in
der Beseitigung krankhafter Störungen oder Auffälligkei-
ten. Darüber hinaus jedoch kann sie jedem Menschen zu
größerer Bewußtheit seiner selbst verhelfen. Psychotherapie sprengt insofern die Enge der konventionellen Kran-
kenbehandlung. Sie entwickelt ein ganzheitliches Bild des
Menschen, einschließlich seiner Transzendenz, insbesondere in der analytischen Psychologie C. G. Jungs.

Die durch eine Psychotherapie erreichte erweiterte Wahrnehmung und größere Bewußtheit wiederum bewirkt, daß
die Menschen weniger krankheitsanfällig werden. Mit Hilfe
des im psychotherapeutischen Prozeß erlernten Traumver-
ständnisses und der Beobachtung der eigenen Körpersignale vermag sich der einzelne zunehmend besser zu
erkennen. Insofern wirkt Psychotherapie zugleich im Sinne
der Psychohygiene.

Wir wollen in diesem Kapitel den Aspekt der bewußten
Wahrnehmung und der Sinnerfahrung in den Vordergrund
stellen und beginnen dabei mit dem *Körperlichen.* Unser
Leib stellt unsere konkrete Wirklichkeit dar, mit der wir
untrennbar vom ersten bis zum letzten Atemzug verbunden sind.

Das Erspüren und Wahrnehmen des eigenen Leibes im
Hier und Jetzt kann eine Meditation einleiten, die dann
über den Leib hinausführen kann. Das heißt, daß der Leib
zunächst zur Ruhe gebracht werden muß, damit er uns
nicht »stört«.

In unserer Arbeit ist es selbstverständlich, den »Körper, den
wir haben, den Leib, der wir sind« (Graf Dürckheim), wahrzunehmen, seine Signale zu hören, ja, sie verstehen zu lernen. »Verstehen« heißt nicht unbedingt »gutheißen«. Wir
fragen vielmehr nach unserer Balance/Dysbalance, die wir
gegebenenfalls individuell korrigieren müssen. So bezie-
hen wir u. a. auch Elemente der *Funktionellen Entspannung,*

der *Konzentrativen Bewegungstherapie* und des *Autogenen Trainings* mit seinen wertvollen individuellen Vor- und Leitsätzen wie auch des *Yogas* mit ein. Yoga heißt: anjochen, anbinden, zähmen, *den Geist nutzbar machen* und davon ausgehend unsere eigene Körpersprache verstehen, vom eigenen Leib uns etwas sagen lassen.

Wie findet man nun Ruhe, um zu sich selbst zu kommen?

Ein Beispiel aus dem Yoga:

Umarmen Sie in Rückenlage Ihre angewinkelten Beine, der Rücken liegt breit auf und gibt alle Schwere, auch die der Schultern und Arme, an den Boden ab (sog. Fötushaltung). Schließen Sie die Augen, atmen Sie tief und gleichmäßig bis in den unteren Rücken hinein, und spüren Sie Ihren eigenen Atemrhythmus. Verfolgen Sie im Ein- und Ausatmen das Geben und Nehmen – vor allem im Ausatmen das Loslassen von Spannung. Halten Sie diese Position. Lassen Sie dann langsam beide Beine ausgleiten und spüren Sie nach.

Natürlich paßt diese Übung nicht für jeden Menschen, aber jeder wird aus der Fülle der Entspannungsmethoden *seine* Form finden. Entspannen, Träumen, Phantasieren gelingt uns allerdings nur in einer Körperposition, in der wir uns wohlfühlen können. Unser Körper gibt uns ja Auskunft über uns selbst: Was will ich z. B. mit den hochgezogenen Schultern ausdrücken? Warum ist mir ein Erlebnis auf den Magen geschlagen?

Hören wir doch einmal auf die Sprache, die so treffend Gefühle und seelische Befindlichkeiten, die sich körperlich niederschlagen, auszudrücken versteht:

jemandem aus der Seele sprechen

Kopf hoch
den Kopf verlieren
großkopfig

kopflos
dickköpfig
starrköpfig
kopflastig
einen schweren Kopf haben
den Kopf verdrehen
mit dem Kopf durch die Wand gehen
Kopf hängen lassen
in den Kopf steigen
den Kopf in den Sand stecken

ein Gesicht wie sieben Tage Regenwetter
Schlag ins Gesicht
langes Gesicht
Doppelgesichtigkeit
das Gesicht wahren
das Gesicht verlieren
gute Miene zum bösen Spiel machen

zu Tränen gerührt
ein Auge zudrücken
Augenwischerei
in die Augen stechen
ins Auge fassen

nicht riechen können
die Nase voll haben
die Nase in alles stecken
die Nase rümpfen
einen guten Riecher haben

Ohren steif halten
bis über beide Ohren verliebt sein
das Fell über die Ohren ziehen
nur mit einem Ohr zuhören

den Mund zu voll nehmen
sich den Mund verbrennen

sich den Mund fusselig reden
von der Hand in den Mund leben

atemraubend
langatmig
die Luft anhalten
den Atem verschlagen

Zähne zusammenbeißen
Zähne zeigen
sich etwas verbeißen
Haare auf den Zähnen haben

eine spitze Zunge haben
das Herz auf der Zunge tragen
einen bitteren Geschmack auf der Zunge haben

halsstarrig
einen Kloß im Hals haben
halsbrecherisch
im Halse steckenbleiben
die Lunge aus dem Halse schreien
den Hals nicht voll kriegen können
die Kehle ist wie zugeschnürt

sich in die Brust werfen
im Brustton der Überzeugung
sich an die eigene Brust schlagen

aufs Kreuz legen
kreuzfidel
Rückendeckung geben
Rückgrat zeigen
in den Rücken fallen
den Buckel runterrutschen

blutendes Herz
gebrochenes Herz

versteinertes Herz
warmes Herz
herzlos
herzlich
sein Herz verlieren
ein weites Herz haben
ins Herz schließen
sich ein Herz fassen
das Herz in der Hose haben

an die Nieren gehen
auf Herz und Nieren prüfen
jemandem ist eine Laus über die Leber gelaufen
die Galle läuft einem über
etwas schlägt einem auf den Magen

auf den Arm nehmen

eine Hand wäscht die andere
die Hände in Unschuld waschen
handfest
Hand und Fuß haben
von langer Hand vorbereiten
sich etwas aus den Fingern saugen
keinen Finger krumm machen
die Daumen drücken
sich durchboxen

sich ein Bein ausreißen
mit beiden Beinen im Leben stehen
wieder Tritt fassen
auf der Stelle treten
ins Fettnäpfchen treten
die Beine in die Hand nehmen
auf großem Fuß leben

unter die Haut gehen
eine Elefantenhaut haben

dünnhäutig
aus der Haut fahren
es juckt mich, etwas zu tun
es kratzt mich nicht
dickfellig
auf die Pelle rücken

auf die Nerven gehen
eiserne Nerven haben
u.a.m.

Wie nun setze ich meine Wahrnehmung in heilsames Tun um? Habe ich das Körpersignal verstanden – »gespannt« – und kann ich es daher zur »Entspannung« bringen und so meine Balance wiederfinden? Diese Frage kann nur ich mir selbst stellen, und ich kann sie auch nur alleine lösen.
Das »Alleinseinkönnen« im Sinne von »Einssein« sollten wir um unserer Individuation und Lebenstüchtigkeit willen schon frühzeitig üben. Es ist die Voraussetzung für jede echte Beziehung. Alleinsein wird häufig mit Einsamsein verwechselt. Man kann aber sehr wohl *nicht allein* und doch sehr *einsam* sein, während man nicht *einsam* zu sein braucht, wenn man *alleine* ist. Ist man mit dem All eins, mit sich und der Welt im Einklang, dann kann man Anforderungen und Unbill meistern. Dies ist die Voraussetzung dafür, sich öffnen zu können. Erst wenn ich mich öffne, d. h., nach innen wie nach außen »bewußt« wahrnehme, bin ich fähig, das für mich Wesentliche zu spüren. Ich bringe so ein Stück der unendlichen Vielfalt draußen in Beziehung zu mir selbst. Das wahrgenommene Äußere löst Gedanken, Phantasien und Gefühle; Inneres, Erinnerungen steigen auf.
Weil viele unserer Sinne nicht geschult sind, werden sie immer kümmerlicher und wir selbst immer erlebnisärmer. Wie tasten die Finger? Wie schmeckt der »Mund«? Wie riecht die Nase, sieht das Auge, hört das Ohr? Wir sollten möglichst alle unsere Sinne wieder aktivieren!

Hier einige Beispiele aus unseren Wahrnehmungstrainings. Sie mögen als Anregung zum Auf-greifen und Be-greifen verstanden werden. Sie sind eingeladen, die Übungen *nachzuvollziehen* und so eine kleine Wanderung durch die Welt der Sinne zu machen.

Der *Geruchssinn/Riechsinn* ist der in der menschlichen Entwicklung zuerst ausgebildete und damit der ursprünglichste Sinn. Können (könnten) wir auf ihn verzichten? Was wäre der Mensch ohne »Riecher«, auch im übertragenen Sinn?

Wir lassen die Teilnehmer von Gruppen wie auch Patienten in Einzelsitzungen mit geschlossenen Augen verschiedene Gerüche schnuppern, Gerüche, die sie z.B. als »blumig«, »kampferartig«, »stechend«, »faul« empfinden, »riecht nach Äther«... u.ä. Dabei legen wir besonderen Wert auf die Assoziationen der einzelnen Teilnehmer. Das Material, das wir nehmen, ist dabei unwichtig. Uns geht es einzig um die Frage, an was mich dieser oder jener Geruch er-innert, welche Erinnerungsbilder und Stimmungen in mir aufsteigen. Dieses Erinnerungsbild wird dann in einer Gestaltung festgehalten und anschließend gemeinsam reflektiert.

Ähnlich gehen wir bei der *taktilen Wahrnehmung* vor. Wir haben fünf Kästen vorbereitet, die mit unterschiedlichen Materialien (Erlebnisqualitäten) gefüllt sind. Damit die Aufmerksamkeit ganz auf das Fühlen/Tasten/Ertasten gerichtet werden kann, sind die Öffnungen der Kästchen zugehängt. So kann uns das Auge keine Informationen liefern. Auch hier wiederum ist unwichtig, was sich tatsächlich in den Kästen befindet. Wesentlich ist nur, was das Er-tasten und Be-greifen, auch das Sich-ergreifen-Lassen an Er-innerungen aufsteigen läßt. In den meisten Fällen sind es Kindheitserlebnisse.

Im folgenden geben wir zwei Protokolle wieder, die dokumentieren, wie unterschiedlich dieselben Materialien wahrgenommen werden, und damit die Einzigartigkeit der Wahrnehmungsweise eines jeden von uns verdeutlichen:

Weich, Nest, angenehm, erinnert mich an Kindheitsferien bei den Großeltern und die vorsichtige Suche nach Eiern im Nest.

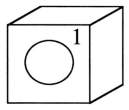

Erst angenehm, dann Erinnerung an Watte und negative Gefühls-besetzung (… als Mutter mir Watte in die Hand drückte ohne weiteres Gespräch, als ich er-schreckt die erste Periode bekam).

Glitschig, feucht, unangenehm, Angst vor Schlangen, wurde als Kind schon ausgelacht, da ich keinen Frosch fangen, geschweige denn halten konnte.

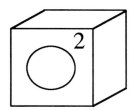

Kühler Glibber, unangenehm, Erinnerung an Sexualität, Ekel.

Ferienbilder tauchen auf, im Flußbett gehen, Kiesel und Was-ser durch Hände und Füße glei-ten lassen.

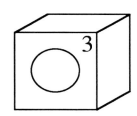

Kieselsteine, unangenehmes Gefühl beim Gehen auf steinigem Meeresstrand (Ferienbericht mit Negativerlebnissen).

Erinnerung an Versteckspielen, aufgeschrammte Knie, obwohl es wehgetan hat, Freude am Spiel mit den Spielkameraden.

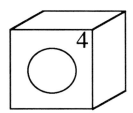

Drähte, verrostete Vergitterung.

Eine Assoziation an Haare kommt auf, und ich erinnere mich an das Gefühl der »toten Haare«, mein Zopf, den ich abge-schnitten und jahrzehntelang aufgehoben habe.

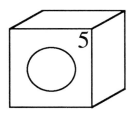

Roßhaar, meine Puppe Liese mit aschblondem Haar, taucht als Bild auf. Ich habe sie sehr geliebt. Eines Tages war sie verschwun-den. – Bart von Knecht Ruprecht, den ich immer fürchtete.

> Die wahre Entdeckungsreise
> besteht nicht in der Suche nach
> neuen Landen, sondern im Besitz
> neuer Augen.
>
> Marcel Proust

Die Kunst des *Sehens* wird hier nicht verstanden als die Fähigkeit zur differenzierten Unterscheidung verschiedener Farbtöne, Schattierungen, Formen und Strukturen, sondern im Sinne der »Ein-Sicht«, die ja über das bloße Sehen mit unseren Augen hinausgeht. Durch optische Reize kann unsere Fähigkeit zur Einsicht wie auch unsere Stimmung stark beeinflußt werden – was uns im übrigen auch die Reklame erleben läßt. Was fühlen Sie beispielsweise bei der Bananenreklame?
Welche Empfindungen provoziert diese unübliche blaue Bananenfarbe? Für manche mag das, was durch diese Reklame von Chiquita »rüberkommt«, reizvoll sein, für andere dagegen eher abstoßend.

Das gleiche gilt für die *akustische Wahrnehmung,* die allerdings im Gegensatz zum optischen Wahrnehmen kaum Täuschungen unterliegt. Wir wissen, daß das Auge manipulierbar ist, aber wir können uns vor Außenreizen schützen. Das *Gehör* dagegen können wir nicht einfach abstellen, und viele Menschen werden wegen für sie unerträglichen Geräuschen, denen sie nicht entfliehen können, krank. Aus diesem Grund messen wir dem Erspüren von akustischen Reizen große Bedeutung bei.
Als Einstieg in die akustische Wahrnehmung hat sich ein paarweiser Klangdialog zwischen zwei verschiedenen Instrumenten sehr bewährt. Wir lassen nach freier Instrumentenwahl (Triangel, Schelle, Xylophon, Trommel, Flöte) ein »Instrumentengespräch« ohne Worte entstehen. Dieses »Gespräch« kann so ablaufen, daß die Instrumente gleichzeitig einsetzen, es kann aber auch sein, daß nur ein Instrument beginnt und das andere »antwortet«, es kann unterschiedliche Rhythmen und Tonarten aufweisen oder sich auf einen gemeinsamen Takt/Ton einspielen u. v. m.

Bei dieser kleinen Wahrnehmungsübung können Erlebnisse wie: Zuhörenkönnen, den anderen »aussprechen lassen« oder ihm »ins Wort fallen«, ihn ignorieren u. ä. die Basis für das anschließende Gespräch bilden.

Unter dem Aspekt: *Wie stimmt diese Wahrnehmung mit meinen sonst üblichen Reaktionsweisen überein?* versuchen wir dann, Selbstwahrnehmung und Fremdwahrnehmung miteinander in Beziehung zu setzen und damit die Selbstwahrnehmung zu schulen.

Die Selbstwahrnehmung kann auch unter einer bestimmten Themenstellung *im Bild* festgehalten werden. Untenstehende Darstellung entstand unter dem Motto »Trauen, sich trauen, ver-trauen in mich«. Die 37jährige Patientin gab ihm die Bezeichnung »Himmelsschaukel«.

Sie hatte dazu die folgenden Assoziationen:

> »Ich kann mich in mich fallen lassen. Beim Betrachten meines schnell gemalten Gefühls kommt mir der Vergleich mit einer Himmelsschaukel im Mich-Halten/ Verhalten/Los-Lassen/In-mich-Fallenlassen und Doch- gehalten-Sein.«

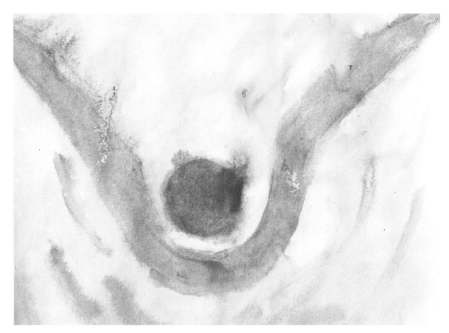

*Wir nehmen nichts Sicheres wahr,
sondern unsere Wahrnehmungen sind abhängig
von der Verfassung unseres Körpers und den
Einflüssen, die in ihn eindringen oder ihm
entgegen wirken.*

Demokrit

7
Bäume

Alles ist in Allem   *In Allem ist Alles*

Der Baum ist
und war in allen Kulturen
und zu allen Zeiten bis zurück in die
vorzeitlichen Mythen ein Symbol des sich
immer wieder erneuernden Lebens, der Auferstehung.
Er ist ein Archetyp und als solcher überall als Gestaltung wie
als Symbol zu finden. In der antiken Literatur findet man ihn als
Metapher menschlicher Verhältnisse oder Schicksale. Fabeln und Sagen
sind durchwoben vom Wesen und Wirken der Bäume. Bei den Naturvölkern
kommen sie als zaubernde Helfer vor. In der Edda ist der Baum Sitz der Götter,
die Weltenesche Yggdrasil. Bäume tauchen in der islamischen wie in der ägyptischen
Religion auf. Der Baum der Erkenntnis im Paradies lockt, verführt mit seinem »Apfel«
den Menschen. Einem Neugeborenen, einer Firma, einer Idee wird ein Baum gepflanzt,
dessen Gedeihen mit dem des Kindes, der Firma, der Idee verbunden wird. Bäume als
traditionelle Sinnbilder des Lebens durchziehen unsere Geschichte: Stammbaum und
Lebensbaum, Maibaum und Weihnachtsbaum. Mit dem abnehmenden religiösen
Denken ist auch das Verhältnis des Menschen zum Übernatürlichen in den Hintergrund
getreten. Heute »dienen« Bäume als Gradmesser für den Gesundheitszustand der
Umwelt, der Gesellschaft. Der akute Appell, mit dem der sterbende Wald, die
sterbenden Einzelbäume uns konfrontieren, sollte uns zum Nachdenken und zum
Handeln bringen … Ferner sprechen wir auch von Verwurzeltsein, Emporwachsen,
Sich-entfalten-Können und Wurzellos-Sein. Im tiefenpsychologischen Baumtest
(Karl Koch) wie im menschlichen Individuationsprozeß (C. G. Jung) hat der
Baum seinen festen und aussagekräftigen Platz und wird in vielen
Bereichen eingesetzt. Darum beschränken wir
uns auf ein Beispiel.

Nur wenn du
den Baum liebst
wie dich selbst,
wirst du
überleben.

F. Hundertwasser

Paracelsus sagte im Hinblick auf den Baum einmal: »Dieses Gewächs hat seine Haut – die Rinde.« Das Sterben unserer Bäume beginnt lautlos und fast unsichtbar an der Rinde, der äußeren Haut. Die Rinde reagiert auf die Umwelt, auf die Atmosphäre. Analog dazu nehmen heutzutage auch beim Menschen Hautaffektionen weltweit zu. Die Haut als unser Schutz- und Kontaktorgan offenbart so nicht nur unsere Beziehungsstörungen, sondern auch die tiefen Schädigungen unserer Umwelt.

Die folgende Zeichnung eines Baumes bringt das Gestörtsein, das »Beschnittensein« einer Entwicklung zum Ausdruck:

Dieser abgesägte und beschnittene Baum konnte sich nicht seinem inneren Gesetz gemäß entwickeln. Ein neunjähriger Junge aus einer Broken-home-Situation hat ihn gezeichnet, und er offenbarte damit, daß er keine Luft (Atmosphäre) zum Gedeihen gefunden und weder Geborgenheit noch Sicherheit erlebt hatte, dafür aber viel Streit. Er zeigte massive Verhaltensauffälligkeiten, versagte in der Schule und entwickelte zunehmend destruktive Neigungen. Die Therapie setzte dementsprechend bei der »Umwelt«, der Familie und deren Atmosphäre an.

»Traumbaum«
Johannes Frischknecht

62

8
Träume

Alles ist in Allem   *In Allem ist Alles*

Die Magie des Traumes versagt am Tage oft,
weil auch noch der beste Träumer die Außenwelt
im Wachen wichtiger nimmt als er sollte.
Die Verrückten können dies besser, sie erklären sich
für Kaiser und die Zelle für ihr Schloß –
und alles stimmt wunderbar.
Die Außenwelt umzaubern zu können,
ohne doch verrückt zu werden, das ist unser Ziel.
Es ist nicht leicht, dafür aber wenig Konkurrenz da.

Hermann Hesse

Goethe schrieb in einem Brief aus dem Jahre 1794, er müsse »sein armes Ich einmal durcharbeiten«. Diesen Wunsch empfinden auch heute viele Menschen. Doch die Bewältigung des Alltags läßt uns selten Muße zum Umgang mit uns selbst, zum wirklichen Erspüren unserer Wünsche und Sehnsüchte. Dabei sind Wünsche, Sehnsüchte, Phantasien und Träume ein wichtiger Teil der gesunden menschlichen Psyche. Wer nicht mehr träumen/tagträumen kann, keine Sehnsüchte hat, lebt ein armes Leben. Gerade dies erleben wir in vielfältiger Form tagtäglich in der psychotherapeutischen Praxis.

Auch außerhalb der therapeutischen Arbeit haben wir immer wieder die Erfahrung gemacht, daß selbst bei Menschen mit vordergründig »unproblematischen« Lebensabläufen oft unterschwellige Probleme vorhanden sind. So entstand die Idee, Menschen, die dafür offen sind, aber augenblicklich nicht die Möglichkeit haben, ihre Situation im Gespräch zu überdenken, Anregungen zu geben, wie sie den *eigenen Rhythmus* im Alltag neu finden können. Wir wollen diese Menschen ermuntern, schöpferische Pausen zu finden, um ihren individuellen Bedürfnissen besser Rechnung zu tragen. Ein lebendigerer Kontakt zu uns selbst schafft auch einen offeneren Kontakt zu unseren Mitmenschen.

Die Beschäftigung mit *Träumen* ist ein Weg, diesem Ziel näherzukommen. Nach unserer Erfahrung entsprechen Träume der Art des Träumers. Meist sind sie jedoch dem Bewußtsein des Träumers voraus.

Träume sind die natürliche Reaktion des sich
selbst regulierenden psychischen Systems.

C. G. Jung

Wir können Träume nur verstehen, wenn wir die Details des
Kontextes sehr sorgfältig berücksichtigen. Träume sind
eine Reaktion unseres Unbewußten auf seelisches Erleben,
so wie auch der Körper auf äußere und innere Reize reagiert, wenn wir z. B. zu viel oder zu wenig gegessen, nicht
geschlafen, uns überanstrengt oder unseren Körper sonst-
wie »schlecht« behandelt haben. Daß Träume uns beflü-
geln, beunruhigen, ja sogar ängstigen können, haben wir
alle schon erlebt. Wenn wir lernen, unsere Träume als *Wegweiser von innen* zu betrachten, werden wir allmählich ihre
Bildersprache zu entschlüsseln verstehen und ihre Bot-
schaft annehmen können.

In der Gestaltenden Psychotherapie lassen wir den Traum
mit seinen vielfältigen, oft nicht verständlichen und lük-
kenhaften Bildern vor unserem inneren Auge noch einmal
vorüberziehen. Zugleich setzen wir, in der Sprache der
Indianer ausgedrückt, »die Hand als Werkzeug der Seele«
ein, um die eine oder andere Sequenz aus dem Traum zu
gestalten. Dabei überlassen wir uns dem Zufall, der uns
gerade *das* gestalten läßt, was uns eine neue Sicht- und Erle-
bensweise zu eröffnen vermag.

Der Traum ist eine vieldeutige, fast nie vollständig erklär-
bare Inszenierung des Unbewußten, ein Symbol für die
momentane emotionale Situation des Träumers. Auch
wenn wir die kollektive Bedeutung von Traumbildern nicht
außer acht lassen, so erscheint es uns doch wichtig, daß
jeder Träumer zunächst einmal seine *persönlichen* Einfälle
– die nicht zufällig sind – ausspricht und reflektiert. Wie
bedeutsam die eigenen Einfälle sind, mögen die drei folgenden Beispiele zeigen.

Ein neunjähriger Junge aus einer Broken-home-
Situation träumte: Wir gehen im Wald spazieren. Eine
bewachsene Zugschiene durchquert den Wald. Wir

meinen, es würde darauf kein Zug mehr fahren. Da kam aber plötzlich ein Zug und fuhr dem Freund meiner Mutter den Kopf ab. Er zeichnete das nebenstehende Bild:

Links von der Schiene stehen Vater und Sohn (ohne Hände, quasi handlungsunfähig). Der Freund der Mutter liegt auf den Schienen, der abgefahrene Kopf zeigt nach links. Rechts stehen die Mutter *und* eine zweite, im Traumbericht nicht erwähnte Frau, die, wie sich auf Befragen herausstellt, die Frau des Freundes ist.

In der Realität leidet der Neunjährige am meisten unter der Trennung seiner Eltern. Er möchte gerne mehr beim Vater sein bzw. die Familie wieder zusammenführen (versteckte Todeswünsche gegenüber dem Eindringling).

Ein fünfzehnjähriges anorektisches Mädchen träumte: Hunde verfolgen mich. Ich flüchte *in* ein Haus. Es ist ein freundliches Haus. Sie zeichnete nebenstehendes Bild:

Das Mädchen läuft von rechts nach links *aus* dem Haus. Es zeichnet sich, die Haustür und den Weg, der wie eine Nabelschnur ist, rot, alles andere braun und umzäunt zuletzt das Haus mit einem grünen Holzzaun. Die vier »Hunde« sehen für den Betrachter eher aus wie drei Pferde und ein Schwein. Interessanterweise bemerkt die Träumerin dies nicht, obwohl sie ansonsten durchaus eine Begabung zum Malen hat (was im übrigen für unsere Arbeit keine Rolle spielt).

Wir erkennen in diesem Bild auch eine Vater-Problematik, die im weiteren Verlauf der Therapie zu einer Auseinandersetzung mit der aufkeimenden Sexualität führt. Die offenkundige Widersprüchlichkeit zwischen Aussage und Zeichnung ist charakteristisch für die Ambivalenz anorektischer Patienten. Meist liegen den Eßstörungen ungelöste Bindungs-/Trennungsprobleme zugrunde.

Traum einer sechzigjährigen künstlerisch tätigen Frau, Mutter von vier Kindern, nach der Scheidung:

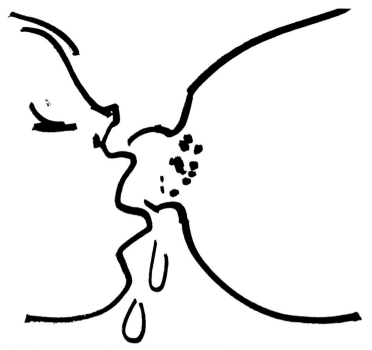

Ich sah eine weibliche Brust und den Kopf eines satten Säuglings, der im Abstand von dem tropfenden Busen seinen Mund geöffnet hielt und die Augen geschlossen hatte.

Im Anschluß an die einprägende Skizzierung des Traumes kamen folgende Assoziationen der Träumerin:

»Im Umgang mit dem Traum habe ich gelernt, daß alle Anteile auch Teile von mir sind. Wenn ich den Traum so betrachte, bin ich das Baby, das mit geschlossenen Augen wie im Schlaraffenland den Mund aufhält – aber die Nahrung aus der Brust läuft daneben. Sollte der geöffnete Mund meine Ansprüchlichkeit, der Babykopf meine Bequemlichkeit ausdrücken, die es zu überwinden heißt, wenn ich an den überquellenden Busen will? Der übervolle Busen, der Quell, könnte meine Kreativität sein, der ich mir bewußt bin ... aber ich bin oft zu bequem, etwas aus ihr zu machen ... so fließt sie ins Leere.«

Wenn ich meine Wünsche
Träumend erfülle,
Löse ich sie auf – zum Teil;
Wenn ich mich gegen sie stelle,
Ver-trete ich sie;
Wenn ich sie befriedige,
Dann entsteht Wiederholung;
Wenn ich sie er-kenne
Und er-fühle,
Dann werden sie zur Kraft.

Juana Danis

9

Fingerpuppen
Handpuppen
Marionetten

Alles ist in Allem　　*In Allem ist Alles*

Bei der Herstellung einer Finger- oder Handpuppe versuchen wir

- tief im Innern verborgene, verdrängte, vergessene, ins Abseits geratene »Wesen« zu erspüren;
- sie dann in der Entspannung »ins Bild steigen« und im kurzen Spiel mit anderen uns ansprechenden Figuren aktiv werden zu lassen;
- abschließend das Geschehen zu reflektieren und dabei unsere Verhaltensmuster zu erkennen, neu zu beleben, gegebenenfalls zu wandeln.

In einer Gruppe mit dem Thema: *Über die selbstgefertigte Fingerpuppe zum therapeutischen Dialog* wurde die selbstgefertigte Fingerpuppe als *ein* Medium kunsttherapeutischen Vorgehens in den Mittelpunkt gestellt. Hier seien nur drei von sieben Sitzungen kurz geschildert: Alle dreizehn Teilnehmer erhielten eines der abgebildeten kleinen, nackten Holzpüppchen mit der folgenden Aufgabenstellung: Jeder Teilnehmer/jede Teilnehmerin soll sein Püppchen mit einer Eigenschaft bekleiden, die er/sie an sich mag. Dabei soll nicht gesprochen werden.

Beim zweiten Treffen stellten sich die Püppchen – und mit ihnen die Gestalter – nonverbal vor (Anschauen, Beschauen, Verweilen, rasch Weitereilen usw.), um sich dann gleichfalls nonverbal für Partner, von denen sie sich aus irgendeinem Grund angezogen fühlten, zu entscheiden. Erst in den dann entstandenen Kleingruppen (2-3-4-4) »durfte« das Schweigen durchbrochen werden. Allerdings sollte jeder zunächst nur seine Meinung über die Püppchen der Partner zum Ausdruck bringen und wenn möglich Namen für sie erfinden, die Gedanken zum eigenen Püppchen jedoch noch zurückhalten. Der Auseinandersetzung mit den Figürchen der anderen Teilnehmer in den Kleingruppen folgte die Konfrontation in der Großgruppe.

Nicht nur das Entstehen, das Bekleiden des Fingerpüppchens, sondern insbesondere der Um-Gang mit ihm – im Sinne eines »Herumgehens« bzw. der Auseinandersetzung in der Kleingruppe wie auch in der Großgruppe – sowie die Auswahl der Partner löste bei jedem einzelnen Teilnehmer/

70

jeder einzelnen Teilnehmerin Assoziationen und Reflexionen aus, die etwas über seine/ihre ganz persönliche Lebensgeschichte offenbaren.

Das Modellieren mit handgreiflichem Material – Lehm, Wachs, eingeweichtem Papier u. a. m. – schafft im Unterschied zum Malen auch eine räumliche Dimension. Die Masse wie z. B. Pappmaché verhilft zu einem besseren Raumempfinden. Schon beim Hineingreifen in das Material werden der Tastsinn wie auch der Gleichgewichtssinn angesprochen. Vielfach ist schon dies der Beginn der Selbstwahrnehmung, da jeder einen eigenen, unverwechselbaren Zugang zum Material hat. Am Beispiel der selbsthergestellten *Handpuppe* möchten wir den schöpferischen psychotherapeutischen Prozeß kurz schildern.

Spüren wir, daß der Patient gerade in einer destruktiven Phase ist, dann machen wir z. B. den Vorschlag, Papier zu zerreißen. Gelegentlich stacheln wir ihn – der jeweiligen Indikation entsprechend – geradezu an, das Papier in ganz kleine Fetzen zu zerreißen. Dies wird meist lustvoll erlebt und läßt ein gutes Gespräch entstehen. Um zu verhindern, daß der Patient in der Destruktion steckenbleibt, ermuntern wir ihn, die Papierschnipsel in einem Eimer mit Wasser und Glutofix/Fischkleister beidhändig zu vermischen, um daraus Pappmaché herzustellen. Die Destruktion wird so aufgefangen, das Durchkneten des »Chaos« erfährt eine konstruktive Umgestaltung (z. B. entsteht ein Hand-

73

puppenkopf). Aus der sog. Wutphase, in der die aggressiv-destruktiven Momente überwiegen, entsteht also etwas Neues. Dieses Neue ist unverwechselbar und so nicht wiederholbar. Dies wird dem Patienten, der hier der Handelnde ist, der Schöpfer, im Tun bewußt. Er erlebt, wie aus Unordnung Ordnung wird, wie aus einem Haufen Papierfetzen etwas »Schönes«, Ganzes entsteht. Und zugleich wird der Bewegungsdrang befriedigt, Affekte werden frei. Das sichtbare Auslebendürfen und Auslebenkönnen der individuellen Originalität bestätigt und stärkt das eigene Selbst. Dabei ist nicht entscheidend, ob der Puppenkopf der Phantasie entspringt oder nach einem Vorbild geformt wird. Häufig wird er zu einer Art Selbstdarstellung, sei es im Hinblick auf das äußere Erscheinungsbild, sei es im Hinblick auf irgendeinen Wesensaspekt der GestalterInnen.

Auf die Gestaltung der Form folgt die Farbgebung, die für den farbpsychologisch geschulten Psychotherapeuten nicht minder aufschlußreich ist und ein zusätzliches Diagnostikum darstellt. Für die »SchöpferInnen« selbst ist die Farbgebung oftmals wie eine Offenbarung hinsichtlich der eigenen Befindlichkeit.

Die selbstgeschaffene Puppe ist nun fertig und fordert zum Agieren, zum Spielen heraus. Die Tatsache, daß die SpielerInnen sich hinter der Handpuppe wie hinter einer Maske verstecken können, bedingt nur scheinbar einen Verlust an Unmittelbarkeit und Direktheit. Jetzt ist die Puppe im Zentrum und nicht »die SchöpferInnen«, d. h., die Puppe spricht oder handelt, die SpielerInnen können sich davon distanzieren. Tatsächlich aber wird durch das Medium Puppe ihre Sache verhandelt und damit behandelt.

Im spielerischen Um-Gang mit der Puppe verlassen wir die Erwachsenenlogik, und das innerste, ursprüngliche »Denken« kann ungefiltert zutage treten. Das Medium Puppe bietet so auch eine Gleitschiene zum therapeutischen Dialog. Da die SpielerInnen sich aber zugleich distanzieren können, können sie auch die Rolle »böser« Figuren annehmen und erleben, ohne von ihrer Angst überwältigt zu werden. Jedes erlebte Spiel öffnet den Blick und ermöglicht eine eigene Einschätzung der persönlichen Kräfte, Möglichkeiten und Fähigkeiten.

Das *Einzelspiel* trägt den Impuls in sich, sich zum *improvisierten Gruppenspiel* (Theater) auszudehnen. Viele psychisch Gestörte sind ihrer Kontaktfähigkeit beraubt. Sie können im Handpuppenspiel die Möglichkeit finden, wieder neue zwischenmenschliche Beziehungen anzuknüpfen. Auch können sie im Spiel mit der Puppe ihre Problematik leichter angehen als in anderen Situationen. Eine vom Psychotherapeuten getragene gute Gruppendynamik ermöglicht es ihnen, aus der Isolation herauszukommen. Dies wiederum stärkt das Selbst, das Selbstvertrauen. Das freie Puppenspiel hilft, Konflikte spielerisch zu lösen, der erfolgte Rollenwechsel macht nicht nur flexibel, sondern auch einfühlsam. Das Probierenkönnen und Nachahmen gibt den Spielern die Möglichkeit, die Fähigkeit des In-die-Welt-Hineinpassens zu entwickeln.

Die vielschichtigen Möglichkeiten der Handpuppe machen sie insbesondere für die *Kinderpsychotherapie* unentbehrlich. Zur Veranschaulichung möchten wir aus der großen Zahl der von uns beobachteten Fälle ein Beispiel herausgreifen, das uns besonders eindrucksvoll erscheint: Ein von einem achteinhalbjährigen Jungen, einem Stotterer, aus Pappmaché selbstgefertigter »Teufelskopf« brachte das Gespräch aufs »Bösesein«. Der Junge hatte sich zur Aufgabe gestellt, einen »ganz bösen Teufel« darzustellen. In der Exploration nach *seiner* »Bösigkeit« befragt, brachte er stotternd hervor: »Man darf doch nicht böse sein.«

Indem der Teufel sich im Spiel ganz böse abreagieren durfte, fühlte er sich befreit. In dem darauffolgenden Gespräch kam es sowohl zum Annehmenkönnen von Gut und Böse als auch – der Altersstufe des Jungen entsprechend – zu einem Erkennen der Relativität dessen, was wir »Gut« und »Böse« nennen. Er wurde freier und berichtete im weiteren Verlauf der Therapie bald von seinen Streichen, zu denen er zuvor nie den Mut besessen hatte. Sein Selbstvertrauen wuchs, und er überwand seine Sprachstörungen. Es muß allerdings hervorgehoben werden, daß hier eine

besonders einsichtige und gute Mitarbeit von seiten der Eltern bestand.

Wer mit Kindern arbeitet, muß sich einfühlen und »einschleichen« können. Psychotherapie mit Kindern ist eher ein *affektiver* als ein *intellektueller* Prozeß. Dabei ist wesentlich, daß der Therapeut jede Situation wachsam beobachtet, gute Einfälle hat und dabei immer weiß, *was* er tut und *warum* er es tut. Dies setzt viel Selbsterfahrung/Analyse und tiefenpsychologische Kenntnisse voraus. Jede therapeutische Maßnahme sollte daran orientiert sein.

Stellvertretend für das eigene Spiel mit selbstgefertigten Handpuppen möge das Gedicht von Traude Quade stehen:

Der Puppenspieler

Ich, der Puppenspieler, trage
Eine Maske, ohne Frage –
Wenn mich aber jemand fragt:
Durch die Puppe wird's gesagt!

    Meine Puppen an den Schnüren
    Kann ich nach Belieben führen,
    Kann ich drehen wie ich will,
    Will ich es, so sind sie still.

Meine Puppen können schweben,
Tanzen, fallen, sich erheben –
Hebe ich nur meine Hand,
Sind sie außer Rand und Band.

    Meine Puppen, diese schlimmen,
    Haben Zungen, haben Stimmen –
    Doch versteckt im Hintergrund
    Singt und spricht mein eigner Mund.

Ich, der Puppenspieler, sehe,
Wenn ich meine Puppen drehe,
Lachend zu. Sobald ich will,
Fällt der Vorhang: Es ist still. –

10

Tonarbeiten

Alles ist in Allem   *In Allem ist Alles*

Für jeden Menschen haben die Ereignisse eines Lebens eine ganz eigene persönliche Bedeutung: Er *deutet* seine Erfahrungen, indem er daraus bewußt oder unbewußt seine Schlußfolgerungen zieht. So schafft er sich *seine eigene Wirklichkeit.* Im Laufe einer psychotherapeutischen Behandlung kann diese Wirklichkeit reflektiert und gegebenenfalls neu geordnet werden. Er gewinnt auf diese Weise auch die Erkenntnis, daß es nicht nur *eine* Wirklichkeit geben kann.

Beim Arbeiten mit stofflichem, handgreiflichen Material wie z. B. mit Ton/Lehm bekommt das Gestaltete eine räumliche Dimension. Es kann – im konkreten räumlichen Sinn – von unterschiedlichen Standpunkts aus betrachtet werden und macht damit auf seine Weise offenkundig, daß nicht nur *ein* Standpunkt »richtig« sein kann.

Überlassen wir beispielsweise einen Lehmklumpen dem Spiel der Hände, so entsteht daraus irgendein Gebilde, das wir dann im wahrsten Sinne des Wortes be-greifen können. Es handelt sich um ein *Inbild* unserer Seele, eine innere Gestaltung, die äußere Form angenommen hat und uns beim kritischen Betrachten wie auch aufgrund der daran anknüpfenden freien Assoziationen verschiedene Aspekte unserer Psyche offenbart. Häufig erkennen wir in unseren selbstgefertigten Tonarbeiten unsere eigenen Wandlungsprozesse. Manchmal sehen wir uns auch archetypisch anmutenden Formen gegenüber. Auch hier ist die Bearbeitung der eigenen Assoziationen vorrangig; die Wahrnehmungen eines Außenstehenden können jedoch hilfreich sein, damit wir nicht nur unserer *eigenen* Wirklichkeitswahrnehmung verhaftet bleiben.

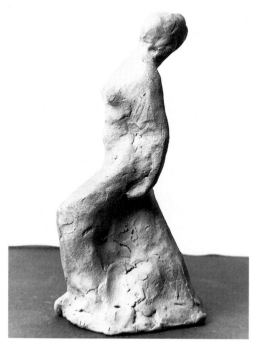

Die nebenstehende eindrückliche Gestaltung, die eine Gruppenteilnehmerin ohne Themenvorgabe einfach unter der Hand entstehen ließ, möge diesen Erkenntnisprozeß verdeutlichen.

Wir sehen ein und dieselbe weibliche Tonfigur von zwei verschiedenen Standpunkten und nehmen dabei zwei einander widersprechende Gestalten wahr. Einerseits zeigt die

78

Figur eine gebeugte, andererseits eine stolze Haltung. Die vierzigjährige Gestalterin wurde erst durch die Assoziationen der anderen Gruppenteilnehmer auf den von ihr abgewehrten *Stolzanteil* hingewiesen. Zunächst mußte sie die Figur überhaupt erst einmal von dieser Seite wahrnehmen, danach mußte sie sich klarmachen, daß *ihre* Hände diese stolze Figur geformt hatten, um schließlich auch intellektuell be-greifen zu können, was ihre Hände schon »wußten«. Erst durch die Arbeit an und mit der Tonfigur wurde ihr bewußt, daß nicht nur ihr *gebeugter Anteil,* der ihr vertraut schien, zu ihr gehörte, sondern auch der zu ihrem Schutz aufgebaute Stolz.

Ein in praktisch allen psychotherapeutischen Behandlungen wiederkehrendes Grundthema lautet: Wo/wann/wie habe ich *Geborgenheit* empfunden oder vermißt? Kenne ich, weiß ich überhaupt, was Geborgenheit ist?

Beim Nachsinnen über diese Thematik bevorzugen wir den spielerischen *Umgang* der Hände mit handgreiflichem Material wie Ton, Lehm, Plastika, Plastilin, Pappmaché u. a. m. Gerade beim Erleben mit Hilfe von plastischem Material spüren wir, daß *wir* als Hände diejenigen sind, die dem Material Geborgenheit geben oder nehmen. Das *Erleben* dieses taktilen Gestaltungsprozesses führt uns zu einer Neu*erfahrung,* die möglicherweise zu einer *Erkenntnis* führt.

Nebenstehende Abbildung zeigt, wie die Erfahrung von Geborgenheit Gestalt gewinnen kann. Alle derartigen Gestaltungen haben ihre eigene Biographie, und doch durchzieht alle dieselbe Sehnsucht nach Geborgenheit, sei sie nun pathologisch oder »normal«.

Ein weiteres Thema, bei dem wir das gestalterische Arbeiten mit Ton o. ä. bevorzugen, ist die Darstellung der eigenen Lebensvorstellungen. Den Zeitpunkt dafür steuert der Patient selbst. Angenommen, er kommt deprimiert und erschlagen von der Fülle seiner Vorhaben, Aufgaben und Wünsche in die Sitzung, er weiß weder aus noch ein, dann sagen wir ihm etwa folgendes: *Stellen Sie sich vor, da ist ein*

Tor, ein Ziel, durch das zu gehen sehr reizvoll ist. Allerdings sind dabei Hindernisse (Probleme) zu überwinden. Dem Patienten obliegt es nun, aus der Fülle der Möglichkeiten/Hindernisse auszuwählen, Prioritäten zu setzen, das Für und Wider einer Sache zu erwägen.

Drei Protokolle mögen die kleinen und großen Hindernisse auflisten, die den Patienten von der Erreichung seiner Ziele abhalten:

1	2	3
mein Schreibtisch	klein sein wollen, Passivität	das Aufschieben unangenehmer Dinge, bis Druck kommt
mangelnde Organisation	Angst vor Liebesverlust	die Unfähigkeit, direkte Aussagen zu machen
liegengebliebene Briefe	Vermeidungsirrwege, um auf Schleichwegen zum Ziel zu kommen	Zuspätkommen
Unentschiedenheit, das ewige Abwägen		die Schwierigkeit, zwischenmenschliche Probleme direkt anzugehen

Sie sehen nebenstehend einige Knetarbeiten zu diesem Thema. Das Medium ist austauschbar. So kann das Thema auch gemalt, mit Steinen, Tannenzapfen u. ä. gestaltet oder auch psychodramatisch und musikalisch bearbeitet werden.

11
Masken

Alles ist in Allem   *In Allem ist Alles*

Unsere Gesichter sind Masken,
die uns die Natur verlieh,
damit wir unseren Charakter
dahinter verbergen.

Oscar Wilde

Niemand kann lange eine Maske
zur Schau tragen. Das künstlich
Angenommene wird leicht von
der eigenen Natur durchbrochen.

Seneca

Masken können geheimnisvoll und zugleich ängstigend wirken. Sie ziehen uns an, sie stoßen ab, kurz: Es geht eine eigenartige Faszination von ihnen aus. Jede Rolle, die uns das Leben gegeben hat, läßt uns die passende Maske tragen – manchmal noch durch eine Robe verstärkt, wie z. B. der Talar des Richters oder des Pastors, der Kittel des Arztes oder der bunte Anzug des Harlekins.

Wir tragen Masken am hellichten Tag, sie halten unser Menschsein gefangen, keiner kann zum andern gelangen...
Seit Menschengedenken schiebt sich die Maske zwischen Individuum und Umwelt. Sie unterbricht den gewohnten Kommunikationsprozeß zwischen der eigenen Mimik und der Mimik des Gegenübers. Das Tragen von Masken ist aus allen Kulturen bekannt, in unseren Breiten vornehmlich zur Fastnachts-/Faschingszeit. Die Maske holt einzelne menschliche Aspekte, die im Alltag meist verborgen sind, auffällig in den Vordergrund. Im Schutz der Maske bin ich fähig, Reaktionsweisen, die für mich ungewohnt sind, zuzulassen und zu erproben. Zwar bedeutet die Maske/die Maskierung eine Reduktion von Möglichkeiten und damit eine Einengung, sie schafft aber durch das Selektierenmüssen auch eine Verstärkung und Vertiefung dieses einen Aspekts. Diese meist stark überzeichnete Identifikation mit einem Aspekt unseres Menschseins erleben wir nicht nur beim Karneval, sondern auch im Theater usw.

Bei der Herstellung einer selbstgefertigten Maske müssen wir uns, wie so oft im Leben, entscheiden, welchen Aspekt

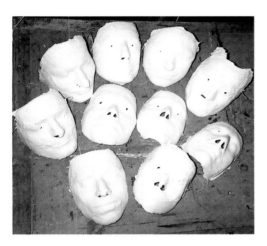

unseres Wesens wir zum Ausdruck bringen wollen, d. h. aber auch, wir müssen zwangsläufig auf gewisse Wesensanteile verzichten. Wir – oder besser gesagt unser Es – entschließen uns, dieses oder jenes darzustellen, und verzichten dabei auf andere Anteile. Die Maske hebt nur ganz bestimmte, häufig überzeichnete Wesenszüge von uns hervor. Durch diese Fokussierung auf ganz bestimmte Selbstanteile wirkt die Maske wie eine »Fremdmaske« und entbindet uns damit von der Gesamtverantwortung für uns selbst. Das Maskenspiel entwickelt eine zunehmende Eigendynamik. Die aus den Tiefenschichten kommende Identifikation mit der Maske überläßt ihr bzw. dem Es das Geschehen. *Sie* will, daß *ich* so bin, wie ich sie gestaltet habe.

Selbstverständlich gibt es verschiedene Möglichkeiten, einfache wie auch komplizierte Masken herzustellen. Wir arbeiten besonders gern mit der selbstgefertigten *Gipsmaske.* Da wir allein keinen Gipsabdruck von uns selbst herstellen können, brauchen wir einen Partner. Diesem Partner müssen wir völliges Vertrauen schenken, also ihm zutrauen, daß er uns den Gips schonend und geschickt aufs Gesicht legt, um so einen – *unseren* – Gipsabdruck herstellen zu können.

Zunächst einmal müssen wir uns einen Partner auswählen, dem wir uns sozusagen ausliefern können. Es geht also auch um das Sich-hineinbegeben-Können, das Sich-hingeben-Können. Der von uns ausgewählte Partner rückt uns im wahrsten Sinne des Wortes auf die Pelle: Er muß das ganze Gesicht mit feuchter Gipsbinde bedecken. Auch über Augen und Mund kommen mehrere Lagen von Gipsbinden – wir können weder sehen noch sprechen und sind daher ganz auf die Sinne des Hörens und Fühlens angewiesen. Ferner wird das Wartenkönnen und Wartenmögen herausgefordert, da der Gips erst einmal trocknen muß, bevor er als Maske abgenommen werden kann.

Dieses im wesentlichen nonverbal ablaufende Geschehen zwischen den beiden Partnern ist für beide jeweils auf einer anderen Ebene aufschlußreich. Der »Passive« ist sehr aktiv im Wahrnehmen seiner eigenen Befindlichkeit, der

»Aktive« dagegen gibt sich Mühe, alles »richtig« zu machen, damit das ihm entgegengebrachte Vertrauen auch gerechtfertigt erscheint. Diese unterschiedlichen Erlebensebenen werden von den Beteiligten zunächst einmal *registriert,* erst am Schluß des kreativen Prozesses tauschen wir dann im Gespräch, im Feedback, unsere Erfahrungen aus.

Die abgenommene getrocknete Maske wird zum Gegenüber, zum Objekt. Ausgehend von der Konfrontation mit dem eigenen Abbild kann jetzt ein innerer Dialog beginnen. Das Wahrnehmen der Innen- wie auch der Außenseite der eigenen Maske, die direkte Konfrontation mit dem eigenen Vis-à-vis führt zu einer Betroffenheit, die auf andere Weise kaum erzielt werden könnte.
Wenn wir anschließend die Rollen tauschen und der bis dahin Passive nun die Rolle des Aktiven übernimmt, hat jeder – allerdings zeitverschoben – dieselbe Erfahrung an sich gemacht. Diese gemeinsame Erfahrung schafft eine tragfähige Basis für einen konstruktiven Gedankenaustausch.
Daß die »nackte« Maske nach Farbe und weiterer Gestaltung verlangt, versteht sich von selbst, ist aber kein Zwang. Die Maske/Maskierung kann dem Träger u. a. Kraft geben, seinen eigenen Schatten zu überspringen, Hemmungen zu überwinden und vieles mehr. Was wir mit dem Medium Maske machen, hängt ganz von der augenblicklichen therapeutischen Situation ab. Es kann sein, daß der Patient selbst in einen Dialog mit seiner Maske eintritt, mit ihr spielt, daß er hinter der Maske spricht, es kann auch sein, daß ein anderer die Maske vornimmt und damit agiert ...
Es gibt unzählige Variationsmöglichkeiten, die aus der jeweiligen Atmosphäre erwachsen.

Nonverbaler Dialog

Alles ist in Allem   *In Allem ist Alles*

Der *nonverbale Dialog/Trilog usw.* ist eine weitere Möglich-keit, »sich ins Bild zu setzen«. Die Aufgabe, in nur wenigen Minuten ein Blatt – der gemeinsame Lebensraum – mit je einem Farbstift freier Wahl gemeinsam zu gestalten, läßt sehr schnell etwas von den Beziehungen zwischen den Zeichnern sichtbar werden. Typische Verhaltensmuster des Miteinander-in-Kontakt-Tretens oder Sich-Zurückhaltens, aber auch alle Formen, in bester Absicht (»Ich habe es ja nur gut gemeint«) *für* den anderen zu agieren, offenbaren sich nonverbal, wobei die aufsteigenden Gefühle recht gut regi-striert werden können.

Nach Vollendung des Bildes drückt dann jeder seine Emp-findungen in seiner Farbe aus, z.B.: »Ich – Blau – fühle mich...« Immer wieder hat es uns verblüfft, welche uner-warteten Übereinstimmungen zwischen dem Dargestell-ten und der Lebenssituation der betreffenden Teilnehmer in der Feedback-Runde zutage traten.

Nonverbaler Dialog eines in Haßliebe miteinander verbun-denen Geschwisterpaares (ein Mädchen von fünfzehn und ein Junge von dreizehn Jahren)

In diesem Fall nahm das Mädchen den roten Stift und der Junge – der »Patient« – den blauen Stift. Der Junge fühlte sich nach den Übergriffen der auf ihn zukommenden Straße und der ergänzenden roten Dachziegel zunehmend auf bedrohliche Weise eingeengt. Er begann sich zurückzuziehen und wurde unfähig weiterzumalen. Nach einem Tränenausbruch des Jungen und den Worten: »Ich fühle mich verschluckt« stellt die Therapeutin die Frage: »Wie ist das sonst zwischen euch?« Darauf meinte das Mädchen: »Ich habe gar nicht gewußt, daß ich so bin, ich wollte ihm nur helfen.« Damit war die Basis zu intensiver Weiterarbeit gelegt, und wir konnten das »An-die-Wand-gedrückt-Werden« des Jungen durch die zwei Jahre ältere Schwester durchsprechen.

Märchen sind Träume von einer heimatlichen Welt, nach der wir uns sehnen, in die wir mit unserem eigentlichsten innersten Wesen gehören.

Novalis

Alles ist in Allem   *In Allem ist Alles*

Im Märchen erscheint uns die menschliche Lebensgeschichte verdichtet wie ein Traum, in zeit- und schwere-
loser Bildersprache: Demjenigen, der sie zu entschlüsseln
versteht, wird dabei einiges von Beginn, Ablauf und Ziel des
Daseins transparent. Märchen bringen die Spannung zum
Ausdruck zwischen dem, was der Mensch kann, und dem,
was er möchte/ablehnt. Sie bieten eine Projektionsfläche,
die es uns ermöglicht, das, was uns noch unbewußt oder
vorbewußt ist, in unser Leben zu integrieren. Sie sind eine
Art Kompaß, ein innerer »Wegweiser«, der uns dazu verhelfen kann, die Balance zwischen Herz und Verstand, Wollen

Am unteren Rand dieser Doppelseite finden Sie den
Anfang eines *Punktemärchens,* mit dem wir ganz
besonders gerne und mit großem Erfolg seit vielen
Jahren arbeiten. Es handelt sich dabei um ein Leporello, das die Geschichte vom *Rotkäppchen* erzählt.
Wir haben es vor Jahren antiquarisch in London
erworben, und es hat sich seither sowohl in der Ein-
zeltherapie als auch bei der Arbeit mit Gruppen sehr
bewährt.
Das Leporello wird quer durch den Raum ausgelegt,
wobei wir die Titelseite abdecken und auch über die
Rollenverteilung der farbigen Punkte zunächst keinen Kommentar abgeben. Wir lassen die Teilnehmer
vielmehr erraten, um welches Märchen es sich dabei
handeln könnte, bzw. Geschichten dazu erfinden. Die
vielfältigen Antworten und Reaktionen decken
schlaglichtartig biographische Erlebnisse der einzelnen Teilnehmer auf. Das Punkte-*Rotkäppchen* – *das*
Reifungsmärchen par excellence – wurde so zu einem
überaus reizvollen Werkzeug, uns dem großen
Lebensthema vom Gefressen- und Geläutertwerden
anzunähern. Denn ganz von selbst fragt man sich:
Wann/wo/wie habe ich selbst so etwas erlebt? Wo
könnte mein Platz in dieser Geschichte sein?
Schauen Sie hin, erfinden Sie *Ihre* Geschichte dazu!

und Können zu verbessern. Es kann daher sinnvoll sein, bei Lebensfragen, die uns quälen und bedrängen, Märchen als Orientierungshilfe einzusetzen.

Uns Menschen ist es nicht gegeben, eine objektive Wahrheit zu erfassen. Wir leben mit unseren subjektiven, in gewissem Sinne naiven Bildern und Vorstellungen, die abhängig sind von unseren Normen und Einstellungen, aber auch von unseren jeweiligen Stimmungen, Empfindungen. Oft läßt sich unsere innere Bilderwelt nur über Analogien, über entsprechende Bildgestaltungen ausdrükken. So betrachtet, fördert die Beschäftigung mit den Märchen unsere Selbstwahrnehmung.

Spontan erinnerte Märchen, die Art und Weise der Wiedergabe, des Verfassens oder des Auslassens sind von tiefenpsychologischer Bedeutung und können aus der Biographie des einzelnen verstehbar werden. Der bildsprachliche (psycho-)therapeutische Umgang mit dem subjektiv erlebten Märchen ermöglicht es dem Patienten, Freiräume bei sich wahrzunehmen, sie allmählich zu erobern und so eigene Lösungen für seine Lebensprobleme zu finden, die für ihn stimmig sind.

Die Gestaltung von Märchen in Form von Skizzen, Zeichnungen, Collagen u. a. m. offenbart jeweils zumindest *einen* Aspekt der inneren Welt des Gestaltenden.

Viele Märchen beginnen mit dem immer wiederkehrenden Satz »Es war einmal«. Vordergründig zeigen sie damit auf das Gewesene, tatsächlich aber verweisen sie uns auf das

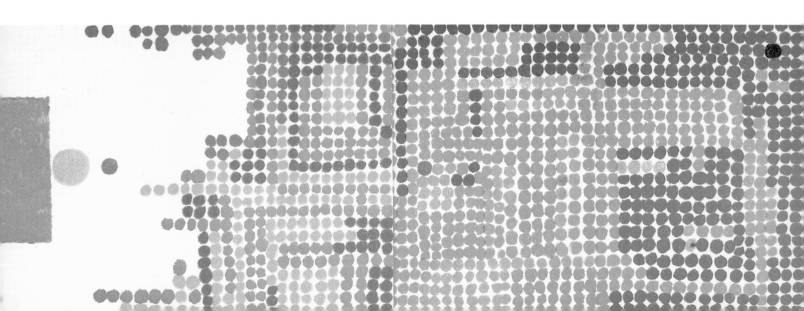

Immerwährende, auf das, was sich gemäß dem Naturgesetz zu allen Zeiten und in jedem menschlichen Leben wiederholt.

Der Umgang mit Märchen kann sehr vielfältig sein:

- Man kann sie lesen und dann gestalten;
- man kann sie zunächst erinnern lassen, um sie dann anschließend zu lesen und festzustellen, was weggelassen oder hinzugefügt wurde;
- man kann sie aufgrund von vorgegebenen Gestaltungen finden oder erfinden;
- man kann sie spielerisch umsetzen (Rollenspiel);
- man kann sie mit Rollen aus der Gegenwart oder der Biographie des einzelnen besetzen u. a. m.

Hans im Glück

Aus der Reihe der vielen Möglichkeiten stellen wir im folgenden einige Beispiele von *Märchenbildern* vor:

Zu dem Grimmschen Märchen *Hans im Glück* schreibt eine fünfunddreißigjährige Frau:

»Was ich nicht habe, kann ich nicht verlieren. Ich schleppe einen Sack mit Möglichkeiten, echten und phantasierten, mit Plänen, Programmen, ›wenn – danns‹ mit mir herum, ich schleppe und schleife schwer, aber gehe hurtig, die Augen gierig nach vorn auf zwei neue funkelnde Dinger gerichtet. Ob sie was wert sind, wird gar nicht geprüft, tatsächlich sind es ungeschickte Kleckse. Ich gehe die Landstraße entlang und hebe jeden Ködel auf, prüfe und untersuche ihn gründlich, ob er nicht zu etwas zu gebrauchen wäre.

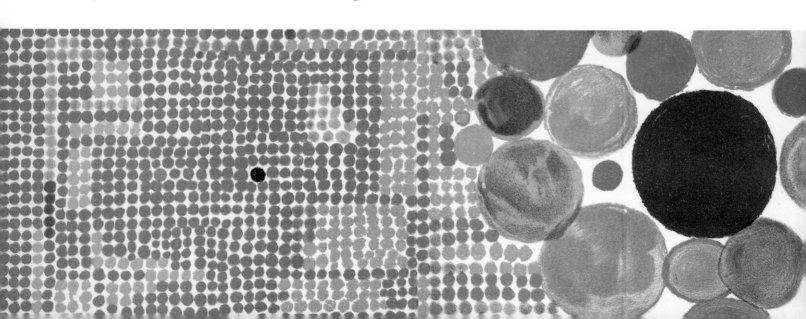

Jorinde und Joringel

Vielleicht erweist sich's später. Bunt und lebendig sieht es aus um die Person, aber das ist Augenwischerei. Es wird nicht deutlich, was sie ist, in sich hat, erlebt hat, erreicht hat. Viel Raum nehmen die Phantasien ein, was sein könnte. Die Figur hat einen dürren Leib, sie hat nichts in sich geschluckt. Ein Glück zu verlassen – oder zu erleben – ist dicht mit Trauer verbunden. Angst vor Trauer hindert, an das Glück hinzukommen, kann in die Resignation führen.«

Neben anderen kreativen Ausdrucksverfahren einigten wir uns auch in einer psychiatrischen Gruppentherapie einmal darauf, eine *Serie von Märchenmalbildern* anzufertigen. Wir lasen in dieser Gruppe jeweils die Grimmschen Märchen vor und baten die Zuhörer dann, eine bildnerische Skizze des ihnen wesentlich Erscheinenden anzufertigen. Ein Künstler mit der Diagnose Schizophrenie malte Skizzen zu drei Märchen, die wir nebenstehend und auf den beiden folgenden Seiten abbilden.

Unser erstes Märchen war *Jorinde und Joringel:*
Wir haben hier eine künstlerische Verdichtung vor uns, die alle wichtigen Begebenheiten des Märchens erfaßt. Mit den Augen einer Psychotherapeutin und dem Wissen um die persönliche Not dieses Künstlers sehen wir dieses Bild jedoch anders. Der Maler kann sich hier nicht auf ein wesentliches Thema beschränken, nein, er wird von allen Themen gleichsam überflutet und muß sie daher alle aufs Papier bringen.

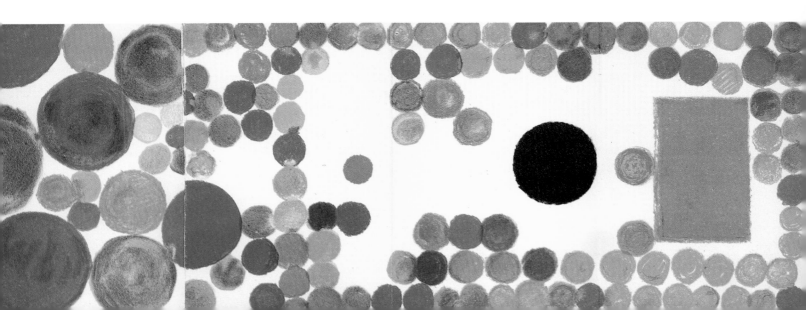

Vierzehn Tage später entstand die nebenstehende Skizze zu dem Märchen *Des Teufels rußiger Bruder:* Ganz offensichtlich ist hier ein eindeutigeres, klareres Bild entstanden.

Vier Wochen nach dem zweiten Märchen folgten *Die sieben Raben.* Die zunehmende Reduktion auf Wesentliches bei diesem dritten Märchenmalbild hat die Psychotherapeutin dann sogar dazu veranlaßt, sich in Absprache mit den Kollegen in der Klinik für die Entlassung dieses Künstlers einzusetzen. Die Katamnese weist seit über zwölf Jahren keinen schizophrenen Schub mehr auf; der ehemalige Patient lebt wieder völlig unauffällig in der Gesellschaft.

Wir meinen, daß diese Sequenz für sich spricht. Sie macht auch deutlich, daß für uns das künstlerische Können nicht ausschlaggebend ist. Vom Können her betrachtet, müßte wohl die künstlerische Lösung des ersten Märchens bestechen, doch zählt in diesem Fall der Aussagewert der Märchenfolge wesentlich mehr, die zeigt, daß der Patient zunehmend fähig war, aus der Fülle des Gehörten zu selektieren. Hinzu kommen die ausgewogene Raumgestaltung und die unzähligen, hier nicht wiederzugebenden offenen Gespräche, die eine Genesung ganz offensichtlich machten.

Im Rahmen einer anderen Gruppenarbeit, die sich Märchenmotive als zentrales Thema gesetzt hatte, wurde *Die*

Des Teufels rußiger Bruder

Die sieben Raben

Gänsehirtin am Brunnen (Gebrüder Grimm) als Einstieg gewählt. Die Gruppenteilnehmer lauschten auch hier aufmerksam der Erzählung, ließen sie auf sich einwirken, reflektierten dann aber das Geschehen unter dem Gesichtspunkt: *»Welchen Platz kann das eben Gehörte in meinem Leben einnehmen?«* In möglichster Entspannung sollten die Gruppenteilnehmer anschließend ihre In-Bilder aufsteigen lassen und das ihnen wesentlich Erscheinende skizzieren. Um diesen Vorgang zu veranschaulichen, möchten wir hier den Kommentar einer zweiunddreißigjährigen Frau zu ihrem Bild wiedergeben:

> »Als zentrales Geschehen im Märchen erlebte ich die Situation der jüngsten Prinzessin, die von ihrem Vater nicht verstanden wird. Ich sah darin als erstes meine eigene Familienproblematik: die Erfahrung, als Heranwachsende von meinem Vater nicht verstanden zu werden, das Verlassen des Elternhauses und meiner zwei Geschwister mit der Bürde, die mir mein Vater mitgab. Dann verlagerten sich meine Assoziationen in die aktuelle Gegenwart: Ich äußerte mein Gefühl, mich nicht erwehren zu können und dadurch Sachen aufgepackt zu bekommen, die ich nicht zu (er)tragen vermag.
>
> Im Austausch von Assoziationen auch mit den anderen Teilnehmern wurde mir die »Ist-Situation« noch deutlicher: im Wahrnehmen des schwarzen Sackes, im Erkennen, an ihm nicht vorbeizukommen, und im

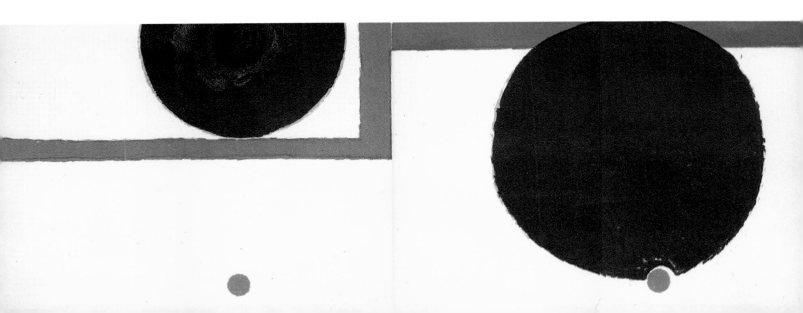

Annehmen der Forderung des (eigenen inneren) Königs. Den Inhalt des Salzsackes – den ich übrigens zuallerletzt in das Bild malte – deutete ich mir mit beruflichen Forderungen, dann mit Weiterentwicklung.

Im Verlauf der weiteren Gruppenarbeit konkretisierte sich der Inhalt des schwarzen Sackes durch Übungen im Zulassen von Negativgefühlen und in einem Traum, in dem ich ein Aggressionspäckchen verschenkte. Zusammenfassend ist mir deutlich geworden, daß meine *momentane* innere Forderung darin besteht, den schwarzen Sack – meine schwarzen Gefühle – anzunehmen und anderen verständlich zu machen.«

Bericht im Abstand nach einer Woche:
»Ich habe im Beruf bereits den ersten Schritt meiner aktuellen Entwicklung ausgeführt. Und es ging mir nachher sooo gut! Etwas kommt in Bewegung, und ich erlebe, daß die empfindliche Prinzenblume und das unscheinbare Gras (einer anderen Zeichnung) eine Wichtigkeit bekommen, die ich früher nicht bemerkte. Das schwächste Glied einer Kette ist nicht das unbedeutsamste.«

Durch die individuelle Bearbeitung der verschiedenen Interpretationen des Grimmschen Märchens *Die Gänsehirtin am Brunnen* kristallisierten sich neue Themen heraus.

Die Gänsehirtin am Brunnen

Sinn – Schmerz – Trennung – Tod

Die Gruppe arbeitete dann themenzentriert in Kleingruppen von drei bis vier Teilnehmern weiter, wobei sich jede Kleingruppe mit jeweils einem sie interessierenden Thema befaßte. Daraus entstand schließlich eine abstrakte Kleingruppengestaltung.

Eine der Kleingruppen formulierte die Frage »Wie komme ich aus dem Schmerz der Trennung und der Gewißheit des Todes zu meinem Lebenssinn?« und ließ nebenstehende Gestaltung entstehen, zu der sie auch einen eigenen Kommentar abgab.

Bedeutsam erscheint uns, daß der Schreiber dieses Protokolls bei der Formulierung dieser Erkenntnis in eine starke innere Erregung geriet, die er in die folgenden Worte kleidete:

> »Beim Schreiben war ich furchtbar unruhig, und der Text ist mir einfach so, fast wie ein Erguß, in die Feder gegangen. Dann war ich ganz ruhig, und erst später reagierte ich mit heftigem Herzklopfen. Habe alles so unverändert stehen lassen.«

Der Kommentar selbst stellt die Frage nach dem Woher und Wohin. Sie ist immer wieder Thema von Psychotherapien und Psychoanalysen:

> »Das Ziel, die Hoffnung ist der Teil des Bildes, der sich am stärksten während des Malens verändert hat: vom festen dunklen Punkt bis zu dem fließenden Licht. Der Bildgrund: die Erde, aus der wir kommen und in die wir biologisch zurückkehren.«

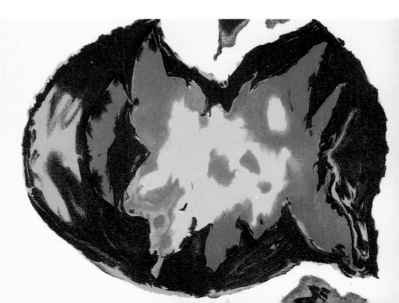

Im folgenden geben wir noch das Einzelprotokoll eines der Mitgestalter wieder:

»Jedes Leben – der biologische Kreislauf ist endlich. Geburt – Wachstum – Reife – Tod. Doch der Mensch kann durch sein Bewußtwerden aus diesem rein biologischen Kreislauf heraustreten. In jedem Stadium seines Lebens – meist durch Krisen – besteht für den Menschen die Gefahr, zurückzufallen in die Resignation, aber auch die Möglichkeit, weiter aufzusteigen zu größerer Weite – Bewußtsein und Licht –, eine Art kosmische Weite.«

Der anschließende Gefühls- und Gedankenaustausch führte zu Erinnerungen an andere Märchen:

»Jemand kann in den Brunnen fallen, bewußtlos werden oder gar ertrinken, etwas Wertvolles kann hineinfallen und verlorengehen, er kann Ekelhaftes beinhalten *(Der Froschkönig),* aber er birgt in seiner Tiefe nicht nur tödliche Gefahren, sondern auch die Möglichkeit zu neuem Leben. Als Born des Lebens kann ich Wasser aus ihm schöpfen und mich daran erquicken, ich kann die Erde damit fruchtbar machen, so daß Bäume und Blumen wachsen. Aber: Hinabsteigen muß ich erst einmal, den Gefahren ins Auge sehen, meine Angst und den Ekel überwinden, vielleicht sogar besinnungslos werden wie Goldmarie, um zu neuem Bewußtsein zu gelangen. Nur so kann ich das Wasser des Lebens errei-

chen, kann ich ausschöpfen, was in mir steckt; anders
bleibt das Leben karg und unfruchtbar.«
Wir möchten den Leser anregen, im Hören und Nachspüren
von Märchen *seine eigene Lebensmelodie* wie seine Lebensgeschichte zu hören, zu spüren, zu finden, denn es ist wahr:
»Es war einmal …«

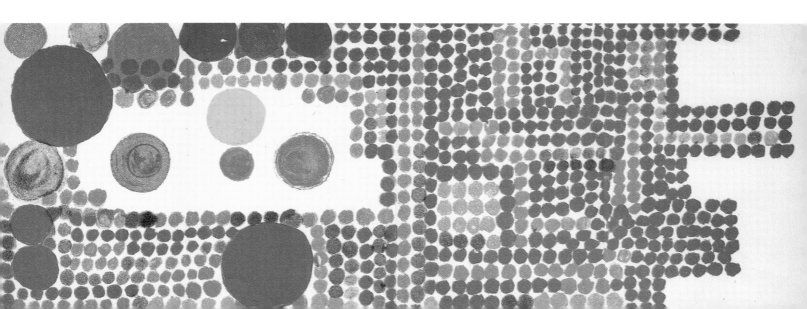

*U*nsere Wünsche sind Vorgefühle
der Fähigkeiten, die in uns liegen,
Vorboten desjenigen, was wir zu leisten
imstande sein werden.
Was wir können und möchten,
stellt sich unserer Einbildungskraft
außer uns und in der Zukunft dar;
wir fühlen eine Sehnsucht nach dem,
was wir schon im Stillen besitzen.
So verwandelt ein leidenschaftliches
Vorausergreifen das wahrhaft Mögliche
in ein erträumtes Wirkliches.

Goethe

14
Collagen

Alles ist in Allem   *In Allem ist Alles*

Collagentechnik ist die systematische
Ausbeutung des zufälligen oder
provozierten Zusammentreffens
von zwei oder mehr Realitäten
… und der Funke Poesie.

Max Ernst

Die Vergangenheit greift immer über auf das vor uns Lie-
gende. Der Schnittpunkt der beiden ist die Gegenwart, das
Jetzt. Im Jetzt bringen wir die Ernte der Vergangenheit ein
und richten uns zugleich auf die Zukunft – das Säen – aus.
Die *Collage* läßt uns dies erfahren. In den verschiedenen
Collagetechniken zeichnen sich die im Leben immer fester
werdenden Strukturen ab. Wir haben aus den unterschiedlichen Techniken drei Beispiele herausgegriffen.
Die Eltern eines fünfjährigen Jungen brachten das Kind zur
Abklärung und Therapie. Anhaltende Zerstörungswut
hatte die Eltern zur Verzweiflung gebracht. Auch in der therapeutischen Erstbegegnung warf er Szenoteile, Stifte,
Papiere durcheinander. In einer der nächsten Sitzungen
hatte ich als seine Therapeutin nur Papiere, darunter auch
Seidenpapiere herumliegen. Diese übten offensichtlich
eine Anziehungskraft auf ihn aus, denn er begann zunächst
wütend, schnaubend, ungezügelt, dann lustvoller die
bunte Papiervielfalt in kleine Stückchen zu zerreißen. Nach
einiger Zeit erschlaffte sein Tun, die Wut war abreagiert,
und er begann sich zu langweilen. Wortlos sammelte ich die
Papierschnipsel ein, hob sie auf und knüllte sie zu einer Art
Blume zusammen. Nachdem er dies gleichfalls wortlos
beobachtet hatte, schob ich sie beiseite. Jetzt begann er,
zuerst zögernd, dann mit immer größerem Engagement sei-
nerseits mit den Papierschnipseln zu arbeiten, und so entstand, ohne jede fremde Hilfe, nebenstehendes bunte
Vögelchen.
Die Eltern berichteten, daß ihr Sohn nach dieser Sitzung
völlig verwandelt gewesen sei. Er sei ausgeglichener gewesen und hätte begonnen, wieder konstruktiver zu spielen.
Die Gründe für seine Verhaltensauffälligkeiten lagen in

102

einer massiven Rivalität zu seiner neugeborenen Schwester, die durch pädagogische Fehler seiner Umwelt hervorgerufen worden war. Im Verlaufe beratender Gespräche wurde den Eltern klar, daß ihr Sohn durch dieses schöpferische Tun ein neues Selbstwertgefühl entwickeln konnte. Sie erkannten, daß seine Kreativität nicht nur durch Zerstörungswut ihren Ausdruck finden konnte.

Im folgenden geben wir ein Beispiel einer *Collage des Weiterphantasierens*. Diese Collage stammt von einem sechsjährigen Mädchen, das die Aufgabe bekommen hatte, aus einer beliebigen Illustrierten fünf bis sieben »Bilder«, die ihr besonders ins Auge fielen, auszureißen oder auszuschneiden, um sie danach – was ihr allerdings erst gesagt wurde, nachdem sie die Bilder ausgewählt hatte – zu einer eigenen Gestaltung zusammenzufügen. Weiter wurde sie ermuntert, eine Phantasiegeschichte zu den von ihr aufgeklebten Teilen zu erfinden.

Die Geschichte, die das noch schreibunkundige Mädchen der Psychotherapeutin diktierte, erzählt von einer Bäuerin, die auf einer Hühnerfarm sehr hart arbeitet, um sich so den von ihr erträumten Beruf einer Tänzerin zu verdienen. Sie erhellte schlagartig die augenblickliche Situation des

kleinen Mädchens: Als Erstgeborene von drei Kindern übernimmt die Sechsjährige die »Aschenputtelrolle« in der Familie. Dieses intelligente und doch nicht für schulreif befundene Mädchen ist in der emotional leicht unterkühlten häuslichen Atmosphäre eindeutig das »Mädchen für alles«, da sie der nervösen Mutter – wie diese sich selbst bezeichnete – helfen mußte (Mädchensache!), auf die kleineren Zwillingsbrüder aufzupassen hatte und schließlich als »die Große« am Wochenende dem abgespannten Vater, einem Arzt, eine verständnisvolle, vernünftige Tochter vorzuspielen hatte. Welche Motivation zur Weiterentwicklung hat eine Sechsjährige bei einer solchen Ausgangslage? Die Eltern waren erschüttert, als sie bei dem anschließenden therapeutischen Gespräch diese Zusammenhänge erkannten.

Die Collage und die dazu erfundene Geschichte gab Einblick in die Vergangenheit der Familie und ließ den Zukunftswunsch des kleinen Mädchens klar hervortreten. Die Verarbeitung dieser Geschichte gibt ihm die Chance, in seine Identität hineinzuwachsen.

Das Erweitern, das Offenlassen und das Erobern von weiterem Lebensraum mit Hilfe von vorgegebenen Bildmotiven kann Veränderungen bewirken. Wir geben dazu ein weiteres Beispiel. Ein 42jähriger erhielt die Aufgabe, aus einer Vielzahl von Ansichtskarten eine Postkarte auszuwählen, sie auf ein DIN-A-3-Blatt zu kleben und sie dann zu erweitern, zu ergänzen, den Raum zu nutzen.

Zunächst mußte er sich auf das leere Blatt, den Lebensraum eines DIN-A-3-Blattes einstellen und darauf einlassen.

In einem weiteren Schritt sollte er für die von ihm ausgewählte Postkarte in diesem Lebensraum einen Platz finden, auf dem er bzw. die Postkarte sich wohlfühlte – eine Nichtigkeit, aus der Perspektive eines hastig durchlebten Alltags betrachtet. Werden solche »Nebensächlichkeiten« jedoch in einem therapeutischen Setting erlebbar gemacht, so erfahren wir daraus, wie wichtig sie für das eigene Wohlbe-

finden, die eigene Balance sind. Nachdem er diesen Platz gefunden hat, wird das Bild fixiert, sein Entschluß »steht«. Um welche speziellen Motive ging es in diesem besonderen Fall? Die Postkarte stellte ein buntes (Indianer-)Gesicht dar. In der Erweiterung entstand ein ausgemaltes Gesicht, das er schließlich zu einer ganzen Figur ergänzte. Daneben entstand eine fast farblose, ängstlich wirkende kleinere Figur, die die Hand mit zögernder Geste hebt. Sie möchte offenbar zu einem rechts daneben stehenden Baum geführt werden. Dieser Baum besitzt in der »ausgehöhlten« Krone eine rote Blume – eine Wunderblume, ein erstrebenswertes Ziel, wie ein Orakel. Das DIN-A-3-Blatt wird in der Folge ganz ausgefüllt: Blauer Hintergrund und ein roter Sonnenball betten die Szene ein.

Der 42jährige hatte dazu folgende Assoziationen:

»Meine Frau ist kreativ und ›farbig‹. Sie führt mich zu einem Wunderbaum, der uns den richtigen Weg zeigen wird.«

Wie wichtig es ist, die Assoziationen des Gestaltenden als erstes zu hören, zeigte sich an dieser Arbeit besonders auffällig. Überraschenderweise erlebte der Mann seine Frau (stets unzufrieden, intellektuell, hübsch, aber mit wenig »Tiefgang«, kinderlos) als farbenprächtig und groß, sich selbst dagegen als jemand, der sich stets durch Leistung bestätigen muß, als klein und farblos – seelisch frierend im kurzen Hemdchen –, die Hand vergeblich ausstreckend. An diese Assoziationen schloß sich ein ausführliches Gespräch über die Eheführung dieses Paares an (die Rollenverteilung in der Ehe, die selbstempfundene »Farblosigkeit«, die geheimen Wünsche und Vorstellungen).

15

Malen nach Musik
Musikmalerei

Alles ist in Allem   *In Allem ist Alles*

Aus dem Bereich der *Musiktherapie* möchten wir hier das Malen nach Musik, die *Musikmalerei,* herausgreifen. Bewegung und rhythmische Abläufe sind gesetzmäßig im menschlichen Organismus verankert. So sprechen wir von Lebens-, Herz-, Atemrhythmus usw. Die Atmung wechselt zwischen Einatmen und Ausatmen. Wenn wir Musik als schöpferischen Prozeß erfahren wollen, so können wir von der Erfahrung der eigenen Körperlichkeit, z. B. von der bewußten Wahrnehmung des Wechsels von Spannung und Entspannung ausgehen. Entwicklungspsychologisch gesehen gehören Musik und Rhythmus zu den frühesten menschlichen Kommunikationsformen, daher hat die Musik besonders in der Kindertherapie einen bedeutenden Stellenwert. Sie spricht die magisch-animistische Stufe des kindlichen Erlebens an, auf der noch weitgehend Einheit zwischen innerer und äußerer Welt, zwischen Bewußtem und Unbewußtem herrscht.

Auch das Musikmalen, wo es gilt, Malen und Musik gleichzeitig (psycho-)therapeutisch einzusetzen, ist nicht auf ästhetische Vervollkommnung ausgerichtet. Wirkung und Sinn des Musikmalens liegen vielmehr im Tun. Musik wird beidhändig auf großflächigem Papier oder Tafeln in tänzerischen Bewegungen, die durch den ganzen Körper bis in die Hände fließen, gemalt. Dabei wird die Vorliebe für Bewegung, Wasser, Matsch und Farben – mit denen man vielleicht sogar den eigenen Körper bemalen kann, um dann gegebenenfalls zum Maskenspiel überzugehen – berücksichtigt. Von großer Bedeutung ist die Fähigkeit, sich in Rhythmus und Klang vertiefen und hineingeben zu können.

Inspiriert durch die jeweils ausgewählte Musik gestalten *beide* Hände in tänzerischen Bewegungen ein »Gemälde«. Was zunächst wie Kritzeleien aussieht, formt sich unter dem Einfluß der Musik zu harmonischen Kurven, zu schwung- und phantasievollen Figuren. Auf diese Weise erreichen wir, insbesondere durch melodische oder rhythmische Akzentuierung, eine äußere und innere Harmonisierung.

Hier offenbart sich die dominante Hand.

108

Das Malen nach Musik kann psychotherapeutisch vielfältig eingesetzt werden: Der Rhythmus der Musik trägt zur Lockerung der Gehemmten bei wie auch zur Straffung der Enthemmten. So kann z. B. psychisch bedingtes Stottern genauso wie eine psychisch bedingte motorische Störung durch das Musikmalen günstig beeinflußt werden. Die Verbindung von Musik, Rhythmus, Bewegung und Malen ermöglicht es den Betroffenen, die Erfahrung der Unversehrtheit zu machen und damit ihre Balance zu finden. Dem zwölfjährigen Jungen, der das untenstehende Bild malte, fiel im therapeutischen Gespräch auf, daß er beim Musikmalen *seine* karge, unterkühlte Seelenlandschaft dargestellt hatte, in der es fast nur Winter gab.

Ein magersüchtiges
vierzehnjähriges Mädchen
möchte kraftvoll sein
wie Ferdinand der Stier.

Musikmalerei eines
vierzehnjährigen verhal-
tensgestörten Jungen.

16

Bibliotherapie
Schreibtherapie

Alles ist in Allem   *In Allem ist Alles*

Phantasie ist wichtiger als Wissen.
Albert Einstein

Was verstehen wir unter *Bibliotherapie/Schreibtherapie,* die wir gelegentlich in die Gestaltende Psychotherapie miteinbeziehen?

Auch die intensivere Beschäftigung mit dem gedruckten Wort kann wie das »Schreiben« selbst eine Form von Selbsterfahrung und Meditation sein. Der spielerische Um-Gang mit unseren Wörtern erhellt gelegentlich schlaglichtartig unbewußte Zusammenhänge oder gibt den Blick frei für verborgene Bedeutungen der Sprache. Die vertiefte Beschäftigung mit gelesenen und/oder von uns selbst verwendeten Wörtern, Sprüchen, Alltagsweisheiten oder mit literarischen Texten aller Art ist wie eine Entdeckungsreise durch fremde und eigene Gedankenwelten. Auf diese Weise können wir sowohl innere Vertrautheiten als auch verschüttete Lebensspuren in uns (wieder-)ent- und aufdecken.

Da TherapeutInnen zeitweilige Wegbegleiter ihrer Patienten sind, stehen sie in einem intensiven Dialog mit ihnen. Dies ist die Basis dafür, daß wir ihnen gelegentlich Texte zum Meditieren anbieten. Das können Gedichte, philosophische oder literarische Prosatexte, Sinnsprüche und Lebensweisheiten aller Art sein, die mit dem Thema der jeweiligen Therapiestunde in einem inneren Zusammenhang stehen. Aus der Fülle möglicher Texte geben wir im folgenden einige wenige Beispiele, die wir als Stimulans für den Fortgang des therapeutischen Gesprächs gerne heranziehen.

Da im Verlauf einer Psychotherapie immer wieder bestimmte Problembereiche über mehrere Stunden hinweg im Mittelpunkt der therapeutischen Bearbeitung stehen, kann es sinnvoll sein, einen solchen Text am Ende einer Sitzung als eine Art *Leitspruch* mit auf den Weg zu geben. Er wirkt dann wie ein roter Faden, der sich durch eine bestimmte Sequenz von Stunden zieht.

HILF MIR GUT ZU SEIN.
WARTE NICHT
AUF MEINE SCHLECHTIGKEIT
UM DICH ZU MESSEN
DIR ZU BEWEISEN
DASS DU ES BESSER MACHST

JUANA DANIS

Gelegentlich bekommen wir Berichte oder Protokolle, was Patienten mit »ihrem« Leitspruch – den sie sich gelegentlich auch selbst wählen – in der Woche erlebt haben. Eindrucksvoll schildert eine 42jährige Frau, die in einer Lebenskrise therapeutische Hilfe suchte, eine solche Erfahrung:

»Mein täglicher Leitspruch in dieser Woche war:

>   Die Seele nährt sich von dem,
>   worüber sie sich freut.   Augustinus

Zu Anfang ging ich förmlich aus, Freude zu suchen, am ersten Tag geradezu krampfhaft, nach dem Motto: ›Freude, wo bist du, meine Seele braucht Nahrung.‹ Irgend etwas mache ich falsch, aber was? Da fiel mir Goethe ein: ›... und nichts zu suchen, das war mein Sinn.‹ Und von Tag zu Tag sah ich mehr und spürte manchmal blitzartige Glücksgefühle über Dinge, die wohl kein anderer sah und die auch ich ohne meinen ›Leitspruch‹ wohl nicht wahrgenommen hätte.

Ein Sonnenstrahl, der durch einen kleinen Spalt zwischen zwei Häusern seinen Weg in die enge schmale Stadtstraße fand und in dessen glitzerndem, wahrscheinlich wärmenden Schein ein Spatzenmännchen sich wohlig aufplusterte... oder reifbedeckte kleine Äste an einem kalten Wintermorgen, die in bizarrer Schönheit ihre Kahlheit präsentieren.

In der überfüllten U-Bahn streifte ich die matten Augen einer blassen, schmächtigen Frau und sah, wie sie einen Moment warm aufleuchteten, als ein junger Mann ihr seinen Platz anbot...

Als ich, müde und abgespannt nach Hause kommend, zuerst entsetzt war über neue Anforderungen, die ich durch unerwarteten Kinderbesuch auf mich einstürmen sah, und auf einmal kleine warme Ärmchen des Einzelkindes mich umschlangen und die zarte Haut des kleinen Gesichtchens mich streifte...

Wie oft lassen wir diese Freuden unbeachtet?

Die Erfahrung: Dankbarkeit und Zufriedenheit wachsen, Mit-sich-alleine-Sein kann schön und hilfreich sein.«

DER WEG IST DAS ZIEL,
NICHT DIE HERBERGE.

AUF DEM WEGE KOMMT MAN NIE AN.
DASS MAN DEM ZIEL NÄHER KOMMT,
MERKT MAN DARAN, DASS ES IMMER
FERNER RÜCKT, BIS MAN BEGREIFT,
DASS DER WEG SELBST DAS ZIEL IST,
DAS HEISST, EINE VERFASSUNG,
DIE DAS WEITERSCHREITEN GARANTIERT,
DAS NIE ENDENDE UND EBEN DARIN
SCHÖPFERISCH-ERLÖSENDE
STIRB UND WERDE.
AUF DEM WEG WIRD DER MENSCH,
WEIL ER SICH WANDELT ZU IMMER NEUEN
AUFGABEN GERUFEN. WEIL ER EIN
ANDERER WIRD, SIEHT ER FORTAN ANDERS
UND ANDERES. ALTGEWOHNTES ERSCHEINT
IM NEUEN LICHT, UND SEINSFÜHLUNG,
DIE, WO SIE DEN GEWÖHNLICHEN MENSCHEN
UNVERSEHENS TRIFFT UND DANN ERSCHRECKT
UND VIELLEICHT AUS DER BAHN WIRFT,
WIRD FÜR IHN MEHR UND MEHR ZU EINEM
STETIG UND ZUVERLÄSSIG FLIESSENDEN QUELL,
DER IHN IMMERZU REINIGT, NÄHRT UND ERNEUERT.

KARLFRIED GRAF DÜRCKHEIM

Das Wissen darum, daß das Unerforschliche
wirklich existiert und daß es sich als höchste
Wahrheit und strahlende Schönheit offenbart,
von denen wir nur eine dumpfe Ahnung haben
können – dieses Wissen und diese Ahnung
sind der Kern aller wahren Religiosität.

Albert Einstein

Im Laufe der Jahre und Jahrzehnte haben wir auch Naturer-
lebnisse als Instrument der Bearbeitung von Lebensproble-
men in die Therapie miteinbezogen. Bei der gestaltenden
Verarbeitung von Naturerlebnissen versuchen wir, die
Fähigkeiten des einzelnen zu berücksichtigen: Dem einen
gelingt der Weg nach innen über das bildnerische Gestalten, dem anderen über die Musik, wieder einem anderen
über das Wort, die Poesie oder eben die Schreibtherapie.
Basis allen Vorgehens ist ein meditatives Um-Gehen mit
dem eigenen Erleben. Im inneren Dialog mit sich selbst kri-
stallisiert sich aus Spüren, Fühlen, Phantasieren und Denken ein »Neues« heraus.
Können Sie sich mit Hilfe Ihrer Phantasie einen schönen
warmen Sonnentag in südlicher Landschaft herbeizau-
bern?
Dürfen wir Sie einladen, in der Phantasie mit einer Gruppe
schweigend mitzuwandern und sich in einen inneren Dialog einzulassen mit der Natur, einer Blume, einem Baum?

Nehmen Sie teil an den folgenden Erfahrungen:
Eine 47jährige Frau schrieb bei der Betrachtung eines
Mohns diesen Text:

> Mohn – deines lockenden Rots beraubt,
> bietest stolz deinen Kern du dar der Sonne,
> die schwellende Kapsel zu neuem Leben...

Eine andere 47jährige Frau, bei der Betrachtung einer
Glyzinie:

> Eine blaublühende Glyzinie sucht Schutz unter dem
> bergend vorstehenden Dach, ihrer Kraft nicht trauend,
> wird sie zum Dach, gibt Schutz der weißen Ruhe-
> bank...

MIT DER MILCH
BEKOMMT DAS KIND
SCHON DEN EIN—FLUSS
DER FAMILIENNEUROSE:
„MUSST, SOLLST, DARFST NICHT..."
EINMAL ERWACHSEN
ERKENNT MAN DIE EIGENE
FAMILIE IN SICH,
WIE SIE DACHTE, FÜHLTE, LOG.
NUN WERDEN NORMEN GEPRÜFT,
ERWOGEN,
BEHALTEN,
VERWORFEN.
AUS MORAL WIRD ETHIK.
WIEDER LEGT SIE UNVERSTÄNDLICHE
NORMEN AUF.
WIE KOMME ICH BLOSS ZU DEM
WAS ICH   S O L L
OHNE ZU MÜSSEN
UND OHNE ZU WOLLEN?

JUANA DANIS

Eine 42jährige Frau schrieb beim Anblick einer Eiche:
Baum
wenn Du nicht wärst,
könnte ich nicht sein.
Du weißt um die Zeit,
und tust das Richtige.
Du bist verwurzelt!
Ich gehe – um es zu versuchen.

Eine 35jährige Frau beim Anblick eines blühenden Kastanienbaumes:
Überragender, hervorragender Weitblick,
beschützende Fürsorge;
kerzengrades, aufrechtes Annehmen
des Schicksals = geschicktes Heil.

Im Gespräch suchten wir bei jedem einzelnen nach Aufschlüssen in der persönlichen Lebensgeschichte und stellten die Frage, warum sie/er gerade diese Gedanken in diesem Augenblick zum Ausdruck brachte.

Die Möglichkeiten, den Umgang mit Wörtern und das Schreiben in die Gestaltende Psychotherapie miteinzubeziehen, sind so vielfältig und facettenreich, daß es uns schwerfällt, hier einige wenige Beispiele herauszugreifen. So sei hier, stellvertretend für viele andere Möglichkeiten, noch eine Aufgabe genannt, die wir gerne den Teilnehmern von Selbsterfahrungsgruppen im Rahmen von Workshops stellen, z. B.: Laß dich beim Umherstreifen in der neuen Umgebung (meist ist es ein landschaftlich schöner Ort) von irgendeinem Gegenstand »ansprechen« und gib ihm einen »Assoziations-Namen« oder ordne ihm einen Begriff zu.
Die von den Gruppenmitgliedern gesammelten Namen und Begriffe werden notiert und später im gemeinsamen Gespräch ausgewertet. Eine Gruppe sammelte folgende Stichworte:

Leichtigkeit – Freude – Genießen – Eigenständigkeit in Gemeinschaft – Ich, kleine rosa Blume – Ich, blaues Männertreu, gehöre dazu – Schöner runder Stein, gut zum Anfassen – Kraft/Stärke – Herbstsonne – Umherstreifen, Entdecken – Morgendunst – Krankheit – Wärmegefühl – Naturverbundenheit – Trauer/ Schwere – Glück der Kindheit – Offen und in sich geschlossen. Daraufhin folgte als *Gemeinschaftsarbeit* die Aufgabe, aus all diesen gesammelten Worten ein »Gedicht« zu machen. In einer Gruppe, die sich schon seit über einem Jahr kannte und bereits die verschiedensten Lebensbereiche intensiv erarbeitet hatte, entstand nach einer Phase des gemeinsamen Vor-sich-hin-Sinnens das folgende »Gedicht«:

Morgendunst
Umherschweifen
Leichtigkeit
Entdecken
Freude

Schöner runder Stein
gut zum Anfassen
Glück der Kindheit

Kleine rosa Blume: blaues
Männertreu gehört dazu.
Eigenständigkeit in Gemeinschaft
Genießen

Krankheit
Schwere
Trauer
Kraft/Stärke

Herbstsonne
Wärmegefühl
Naturverbundenheit
Offen und in sich geschlossen

Im abschließenden Gespräch kristallisierte sich wie von alleine die Erkenntnis heraus, daß die Abfolge der zusammengestellten Worte einen Weg durchs Leben skizziert, von der Geburt bis zum Tod, das Suchen, die Freude, das Begegnen, das Glück, das Vergehen in Demut.

Daß wir immer wieder Zeugen solcher Entwicklungen sein können, erfüllt auch uns Therapeuten jedes Mal neu mit Faszination und Dankbarkeit. Es ist allerdings notwendig, daß Therapeuten für eine entsprechende Atmosphäre in der Gruppe sorgen, damit solche Prozesse überhaupt in Gang kommen können.

17

Therapieabschlüsse

Alles ist in Allem *In Allem ist Alles*

Auch in der Gestaltenden Psychotherapie werden – wie in den rein verbalen analytischen Psychotherapien – zu Anfang der Behandlung die *Behandlungsziele* gemeinsam besprochen. Am Ende einer Therapie überprüfen wir die vom Patienten erarbeiteten neuen Sichtweisen sowohl im Gespräch als auch im bildnerischen Ausdruck, und wir versuchen Erkenntnisse über die Stabilität der Veränderung zu gewinnen.

Die Sorge der Patienten am Ende einer Therapie, nun jemanden zu verlieren, der/die ihnen längere Zeit verstehend und/oder stützend zur Seite stand, ist nach unserer Erfahrung in der Gestaltenden Psychotherapie geringer als in den rein verbalen Therapien. Mit Hilfe ihrer gestalterischen Möglichkeiten, die sie in der Therapie kennengelernt haben, fällt es ihnen leichter, mit ihrem Unbewußten wie auch mit den konflikthaften Seiten ihrer Persönlichkeit in Berührung zu kommen. Sie sind nun fähig geworden, den inneren Dialog mit sich und ihren Gestaltungen auch alleine aufzunehmen. Sie haben gelernt, sich ihren Problemen nicht nur zu stellen, sondern auch mit ihnen *umzugehen* (s. S. 10), und damit eine wichtige Voraussetzung dafür geschaffen, ihr Leben allein – ohne das stützende Therapeuten-Ich – in die Hand zu nehmen. Sie haben, wenn die Therapie gelungen ist, begriffen, was die Essenz einer orientalischen Weisheit ist:

> »Wenn du eine hilfreiche Hand suchst,
> suche sie am Ende deines Armes.«

Sie haben also nicht nur gelernt, Kausalzusammenhänge zu begreifen, die Wirkungen aus Ursachen erklären – denn dies nützt ihnen im Umgang mit dem Unbewußten nur wenig. Im *Unbewußten* gelten vielmehr Analogien/Entsprechungen, und diese zu verstehen haben sie beim Gestalten und der therapeutischen Durcharbeitung des Gestalteten erfahren. Am Ende der Therapie bekommen die Patienten ihre »Werke« mit nach Hause. Sie stützen nicht nur die Erinnerung an die in der Gestaltenden Psychotherapie gemachten Erfahrungen, sondern auch den gesamten weiteren Reifungsprozeß.

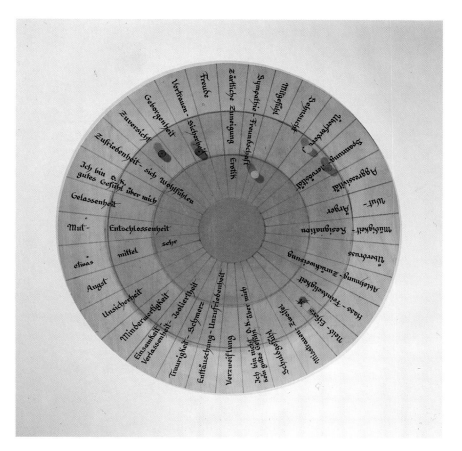

Aus der Fülle von Möglichkeiten, eine Therapie zu beenden, möchten wir hier einige wenige Beispiele herausgreifen:

Unser *Befindlichkeitsrad* erlaubt uns, insbesondere in der Gruppenarbeit, ziemlich rasch einen Einblick in die jeweilige Gefühlslage der einzelnen Teilnehmer im Hier und Jetzt zu bekommen. Es stellt eine Art Rechenschaftsbericht dar. Schweigend wählen die Teilnehmer ihre »Steine«, d. h. bei uns Holzklötzchen in der sie ansprechenden Farbe. Jeder entscheidet sich nur für *eine* Farbe. In der Regel lassen wir bis zu sechs Steine setzen, die Teilnehmer müssen also auswählen und sich z. B. Fragen stellen wie: Welche Prioritäten setze ich? Worauf kann ich verzichten? Was ist wesentlich, was unwesentlich?

In dem anschließenden Gruppengespräch überlegen wir dann weiter: Kenne ich dieses Gefühl? Durchzieht es mein ganzes Leben oder hat es ausschließlich mit dem Hier und Jetzt, mit der Gruppe, mit einer aktuellen Lebenssituation zu tun? Was steht hinter der Auswahl, die ich getroffen habe? Was möchte, was sollte ich ändern? Stehe ich in einem Spannungsfeld? Kostet diese Spannung Energie, die ich anderweitig sinnvoller einsetzen könnte? u. a. m.

Die offene Auseinandersetzung mit diesen Dingen stimuliert weitere Fragen, die sowohl nach innen (Fragen, die jeder an sich selbst stellt) wie nach außen (an die andern Gruppenteilnehmer) gerichtet sind.

Das Befindlichkeitsrad kann auch während der Therapie eingesetzt werden. In diesem Fall erhalten wir Aufschluß darüber, ob ein Teilnehmer unter Umständen stur am Gehabten festhält, und können dann über die Gründe sprechen; und genauso werden etwaige Veränderungen, Schwankungen und Entwicklungen deutlich sichtbar registriert.

Den Abschluß einer Gruppenarbeit können auch *Gemeinschaftsarbeiten* bilden. Sie werden immer schweigend durchgeführt. Ein Beispiel ist das *Sonnenbild:*

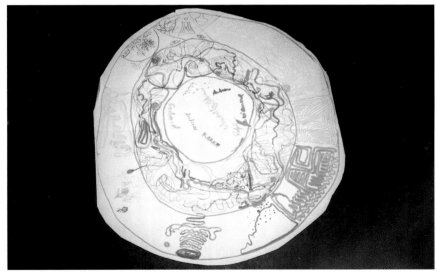

Dieses Sonnenbild wird von außen nach innen gemalt. Im Außenkreisteil stellt es den Lebensanfang in der Kernfamilie dar, im zweiten Kreis ist das Hinauswandern ins Leben, die Begegnung mit den anderen thematisiert, es geht um Verweilen und Vorübereilen. Die Mitte symbolisiert oft die Lebensmitte, in diesem Fall dokumentiert durch den Namen des Teilnehmers bei freier Platzwahl.

Bei der gemeinsamen Betrachtung des fertigen Bildes wird das dargestellte Erleben resümiert. Dabei vertritt jeder seinen Standpunkt sowie seine Wahrnehmung des Geschehenen.

Gelegentlich schließen wir eine Selbsterfahrungsgruppe oder einen Workshop mit der Gestaltung eines *Gruppenkuchens* ab. Jeder Teilnehmer erhält die Aufgabe, aus einer runden Kartonscheibe ein ihm angemessen erscheinendes Stück abzugrenzen und auszuschneiden. Er setzt sich dabei zwangsläufig mit den Fragen auseinander: Wieviel habe ich im Laufe der Woche bekommen? Wieviel habe ich gegeben? Danach werden die Gruppenteilnehmer aufgefordert, das Gruppengeschehen rückblickend noch einmal auf sich wirken zu lassen und die daraus erwachsende Stimmung – jeder für sich und ohne gegenseitige Kommunikation – farblich wiederzugeben. Die dafür zur Verfügung stehende Zeit ist eher knapp bemessen. Schließlich werden die Gruppenteilnehmer gebeten, die individuell gestalteten Stücke zu einem »Gruppenkuchen« zusammenzufügen. Ein abschließendes Gespräch gibt jedem einzelnen Gelegenheit, sich jetzt auch verbal mitzuteilen.

Die nebenstehenden Abbildungen zeigen das in mancher Hinsicht bemerkenswerte Abschlußbild einer Selbsterfahrungsgruppe. Als erstes fällt die abgestimmte Farbwahl und die harmonische Gesamtgestaltung auf. Die einzelnen Teilnehmer stellten dies mit um so größerem Erstaunen fest, als vordergründig nur die im Laufe der Woche aufgebauten Spannungen zwischen ihnen spürbar geworden waren. Für sie hatte es den Anschein, daß während des Workshops – die Gruppe war eine Woche lang zusammengewesen – das Trennende und Unterscheidende überwogen hatte, während jetzt, beim Abschluß des Workshops, das Verbindende und Gemeinsame, insbesondere durch die farbliche Harmonie, erfahrbar wurde. Die Ambivalenz als menschliche Grunderfahrung, wie sie aufgrund dieser Gemeinschaftsarbeit erlebbar und artikulierbar wurde, wäre bei einer anderen, stärker verbal orientierten Therapie wohl nicht so rasch und so unmittelbar erlebt worden wie hier.

Interessant war an diesem Gruppenbild aber auch, daß zwei Mitglieder ihre Kartonstücke auf der Rückseite bemalten, so daß ihre Eigenart in dem Gemeinschaftsbild gar nicht zum Vorschein kommen konnte, es sei denn, die beiden Teile wären umgekehrt hingelegt worden – dann aber hätten sie nicht mehr in den »Gruppenkuchen« hineingepaßt. Tatsächlich waren die beiden Teilnehmer sowohl in ihrem Berufsalltag wie auch während des Workshops am wenigsten in die Gruppe integriert.

In Gruppengesprächen wird mit Worten oft mehr zugedeckt als aufgedeckt. Sobald sich die Teilnehmer aber auf ihre eigenen Gestaltungen einlassen und das Gruppengespräch davon Anregungen empfängt, lassen sich über das Gesagte hinaus oft recht tragfähige Brücken gegenseitigen Verständnisses schlagen.

Als Kontrast zu der harmonischen Gestaltung dieses Abschlußbildes möchten wir noch auf einen ganz anders gearteten »Gruppenkuchen« hinweisen:
Im nebenstehenden Bild gibt es keine fließenden Übergänge zwischen den einzelnen Teilstücken, den Partnern. Das Bild vermittelt nicht den Eindruck von etwas Einheitlichem. Die Ich-Grenzen der einzelnen Teilnehmer scheinen so stark betont, daß kein verbindendes Wir-Gefühl aufkommen konnte – allenfalls in Form von Untergruppen. Außer den zwei Rundteilen stoßen alle Teilnehmer bis zur Mitte vor. Die Rundstücke mit den hellblauen Farbanteilen haben sich fast »embryonal« in einem größeren »Kuchenstück« schutzsuchend eingenistet.

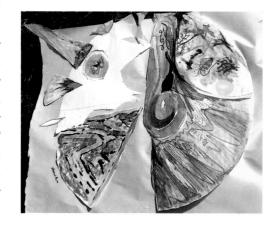

126

> Gemeinschaft ist Bewältigung
> der Anderheit in der gelebten Einheit.
>
> Martin Buber

Eine andere Möglichkeit, die Gruppenarbeit zum Abschluß zu bringen, ist die Gestaltung eines *imaginären Abschiedsmahles.* Auch hier gibt es viele Variationsmöglichkeiten, die einerseits unmittelbare Feedback-Sequenzen erlauben und andererseits auch als Gesamtrückschau einer gemeinsamen Gruppenzeit zu betrachten sind.

Die Einzelgedecke des vorgestellten Abschiedsmahls können z. B. auf DIN-A-2- oder DIN-A-3-Blätter gemalt und dann gemeinsam betrachtet werden mit dem Ziel, sie danach so zu verteilen, daß jeder Gruppenteilnehmer das zu ihm »passende« Gedeck erhält. Jeder erhält also ein von einem anderen Gruppenteilnehmer gestaltetes Gedeck, nachdem die Auswahl zuvor zwischen den Teilnehmern abgestimmt wurde. Auf diese Weise kommen auch dezidierte Wünsche zum Vorschein, dieses oder jenes für sich haben zu wollen.

Anschließend macht die Gruppe einen schweigenden Spaziergang, auf dem jeder Teilnehmer für die anderen Gruppenmitglieder »Abschiedsgeschenke« sucht, die mit dem Gedeck zusammen »serviert« werden. So erhält jeder Gruppenteilnehmer von jedem ein symbolisch über sich hinausweisendes Geschenk und damit ein Erinnerungsstück an die Gruppe.

In einer Gruppe wurden die Geschenke z. B. mit den folgenden Worten übergeben:

»Von mir bekommst du dieses feingegliederte Blatt, da ich dich bei aller Zartheit doch als deutlich strukturiert empfunden habe.«

»Dieses Stöckchen kannst du wie einen Zauberstab einsetzen und deinen Wünschen damit eine größere Kraft zur Durchsetzung geben.«

»Mit diesem Pilz möchte ich dir wünschen, daß du, auch ohne extra danach zu suchen, vieles finden kannst, was für dich paßt, wenn du mit offenem Blick durch die Welt gehst.«

127

»Wie diese Distel erlebe ich dich zeitweise als verletzend, habe mit der Zeit aber auch den weichen Kern entdeckt, den die Distel ja auch in sich trägt.«

Aus der Vielzahl der möglichen Gruppenabschlüsse möchten wir im folgenden noch ein paar wenige herausgreifen, mit denen wir besonders gerne gearbeitet haben:

- Jeder einzelne Gruppenteilnehmer wirft demjenigen einen zarten *Japanball* aus Papier zu, dem er noch etwas sagen möchte, z. B.:
  Von dir habe ich gelernt, daß…
  Dich habe ich besser verstehen gelernt…
  An dich bin ich nie rangekommen, was wohl mit mir selbst zu tun hat. Ich möchte aber von dir wissen, wie du mich erlebt hast…

- Alle Gruppenteilnehmer werden aufgefordert, sich schweigend in ein alle umfassendes großes *Seil einzupendeln,* das ihnen um die Hüfte gelegt wird. Die Hände sollen dabei nicht benutzt werden, die Augen sind geschlossen. Dabei geht es um das Spüren von Geben und Nehmen, auch um die Fähigkeit (oder Unfähigkeit), sich in einen gemeinsamen Gruppenrhythmus einzuschwingen.

- Die Gruppenteilnehmer unternehmen schweigend einen gemeinsamen Spaziergang. Sie haben die Aufgabe, Naturmaterialien zu sammeln: eine Blume, ein Stückchen von einem Ast, ein Stück Rinde usw. Diese Materialien werden dann gleichfalls schweigend zu einer gemeinsamen *Collage* geformt, und zwar arbeiten die Gruppenteilnehmer daran solange, bis alle dem gestalteten Objekt zustimmen können. Sofern Korrekturen nötig sind und die Teilnehmer verbal miteinander kommunizieren müssen, tun sie das, indem sie sich an die mitgebrachten Materialien wenden:
  Du, Rindenstück, störst mich…

Du, Blume, mußt immer im Mittelpunkt stehen...
Schon wieder schließt du dich aus, du Schneckenhaus...

- *Einzeltherapien* schließen wir gerne damit ab, daß wir
  einen *roten Leid-/Leitfaden* durch die entstandenen Pro-
  dukte zu ziehen versuchen, der dann auch die einzelnen
  therapeutischen Gespräche wieder in Erinnerung ruft.
  Häufig entsteht ein letztes Selbstbildnis, manchmal auch
  ein Baum, der mit der ersten Gestaltung verglichen wird.
  Ein Abschlußfragebogen – der auch der Katamnese
  dienlich ist – umfaßt Fragen nach dem augenblicklichen
  Gefühlszustand, die Probleme, die zu Beginn der
  Behandlung im Vordergrund standen, wie auch die im
  Verlauf der Therapie herausgearbeiteten Konflikte und
  Probleme, neu erarbeitete Wege zur Konfliktlösung, Fra-
  gen nach Art und Häufigkeit der Symptome bzw. nach
  dem Ausmaß der Symptomfreiheit, die Stellung zu den
  Eltern, zum Partner, zu Freunden und Kollegen.

Ein junger Rabbi fragt einen älteren:
»Wie kommt es, daß wir zwei Ohren
und zwei Augen haben und nur einen
Mund?«
Antwortet der ältere Rabbi:
»Weil es vorgesehen war, daß wir
zweimal soviel hören wie sehen sollen,
als wir sprechen.«

Aus dem Talmud

18

Abschließende Reflexionen

Alles ist in Allem

In Allem ist Alles

Ich halte die Symbolsprache für die einzige Fremdsprache, die jeder von uns lernen sollte. Wenn wir sie verstehen, kommen wir mit dem Mythos in Berührung, der eine der bedeutsamsten Quellen der Weisheit ist, wir lernen die tieferen Schichten unserer eigenen Persönlichkeit kennen. Tatsächlich verhilft sie uns zum Verständnis einer Erfahrungsebene, die deshalb spezifisch menschlich ist, weil sie nach Inhalt und Stil der ganzen Menschheit gemeinsam ist.

Erich Fromm

Kritzeln, Zeichnen, Malen, Gestalten sind die *andere Sprache* des Menschen. Prinzhorn hat schon im Jahre 1922 den neutralen Sammelbegriff *Bildnerei* gewählt, um den in diesem Zusammenhang vielleicht irreführenden Begriff *Kunst* zu vermeiden. Wird aber Kunst von *künden* und nicht von *können* hergeleitet, wie Heyer es tut, dann hat das Wort durchaus auch hier seinen Platz. Der Mensch *kündet* durch seine Gestaltung von sich selbst, er erzählt von sich, teilt sich mit und macht auf der Symbolebene seine innere Befindlichkeit wie auch seine Problematik sichtbar. Ästhetische und künstlerische Kriterien spielen dabei keine Rolle. Ganz im Gegenteil: Sollte jemand in unseren Gruppen zu perfekt sein, dann bitten wir ihn, mit der nicht geübten Hand – meistens der linken – zu agieren.

Der Weg, den die Gestaltung als Handlung nach draußen, außen, nimmt, führt den Gestaltenden zugleich nach innen. So werden Aussicht und Ansicht eins, so sieht im Procedere des Gestaltens jeder sich selbst ins Gesicht. Auf diese Weise wird sowohl die Wahrnehmung nach innen als auch die Wahrnehmung nach außen verändert, vertieft, oftmals überhaupt erst eröffnet. Die unterschiedlichen optischen, akustischen und gestischen Wahrnehmungsübungen sollen uns helfen, spielerisch ins Zentrum unseres Wesens vorzustoßen, dabei Formen und Bilder aufsteigen zu lassen und diese schöpferisch zu gestalten. Auf diese Weise wird Vermischtes/Verworrenes differenziert, Bedrohliches aufgehellt. Wir finden uns selber.

Das *Prozeßhafte* beim Gestalten läßt uns *echte Gegenwart* erleben – Gegenwart, die uns im Alltag so oft entgleitet, verschwenden wir doch einen großen Teil unseres Lebens im Nachsinnen über Vergangenes und in Phantasievorstellungen von Zukünftigem.

Das durch Außen- und Innenreize entstandene *Inbild* der Seele bekommt in der Gestaltung Ausdruck. Dieses gestaltete Innenbild löst Assoziationen aus, die es uns überhaupt erst ermöglichen, uns anderen verbal verständlich zu machen. Auf diese Weise kommen wir weg vom Reden und Diskutieren, es entsteht ein wirkliches Gespräch, ein Austausch von Gedanken.

Die zwischen Therapeut und Patient stehende Gestaltung ist so etwas wie ein Übergang, eine Brücke zu sich selbst wie zum anderen, wobei zugleich die Projektionsmöglichkeiten stark reduziert werden. Das Gestaltete entfaltet eine Wirkung, die ihrerseits Wirklichkeit schafft.

Das methodische Vorgehen im einzelnen richtet sich nach der Diagnose, vor allem aber auch nach dem gerade zu bearbeitenden Konflikt/Thema. Es ist auch durch die persönliche Begabung und die Fähigkeiten des Psychotherapeuten wie des Patienten bestimmt. Ohne Selbsterfahrung, aber auch ohne die ganz persönliche Lebenserfahrung des Psychotherapeuten ist es unmöglich, die Erlebnisabläufe im Rahmen einer musisch-kreativen Therapie zu erkennen und therapeutisch zu nutzen. Weil dies so ist und jede Psychotherapie ganz individuell angepaßt wird, ist es recht schwierig, das, was in einer solchen Therapie vor sich geht, in einem wissenschaftlichen Konzept niederzulegen. Ein solches Konzept hinkt der persönlichen Erfahrung immer hinterher und kann der individuellen therapeutischen Beziehung nicht gerecht werden.

Aus diesem Grund ist die Weitervermittlung der Kunst des Um-Gangs mit kreativen Medien nur in kleinen Gruppen möglich, die den Rahmen für eine intensive Selbsterfahrung bieten. Erst das *eigene Erleben* befähigt den Psychotherapeuten, die inneren Prozesse bei anderen zu erfassen. Auch lernen Therapeuten durch eigene Selbsterfahrung die für ihre Arbeit unerläßliche Toleranz und Geduld entwickeln, die sie immer wieder üben müssen, um den Gedanken und Assoziationen der Patienten ungestört folgen zu können und nicht vorschnell ihre eigenen Deutungen ins Spiel zu bringen.

Eine indianische Weisheit sagt:

»Die Hand ist das Werkzeug meiner Seele.«

In diesem Sinne möge unsere Arbeit verstanden werden.

19

Psychohygiene des Psychotherapeuten

Alles ist in Allem *In Allem ist Alles*

Für jeden psychotherapeutisch Tätigen sind *psychohygienische Überlegungen* nötig. Im steten Wechsel zwischen schwebender Aufmerksamkeit und der Identifikation mit dem Gegenüber, beim Umgang mit Übertragung und Gegenübertragung, ist in sehr starkem Maße ein Zurücknehmen der eigenen Person gefordert. Es ist deshalb sinnvoll, daß Therapeuten sich hin und wieder nach dem eigenen Standort befragen. Auch dürfen wir uns selbst nicht entmutigen lassen, nicht verstummen oder gar gleichgültig werden – eine Gefahr, der Psychoanalytiker und Psychotherapeuten im besonderen Maße ausgesetzt sind, da sie sich in erster Linie mit leidvollen Erfahrungen auseinandersetzen müssen. Aus diesen Gründen ist es wünschenswert, daß sich jeder Therapeut auch nach Abschluß seiner fachlichen Ausbildung immer wieder einer professionellen Supervision unterzieht. Darüber hinaus sollte jeder *seinen* privaten Ausgleich suchen und erproben. Für den einen mag dies eine sportliche Aktivität sein, für den anderen irgendein Hobby.

Als Vertreterinnen der Gestaltenden Psychotherapie holen wir uns die für unsere Arbeit notwendige Kraft aus dem Umgang mit der Natur, mit Tieren und Pflanzen wie auch im musischen Bereich. Dabei spielt es keine Rolle, ob wir z. B. großflächig malen (Eitempera), aus »unnützem Material« Collagen gestalten, ohne Scheibe modellieren oder ob wir musizieren.

Die *Arbeitsgemeinschaft für musisch-kreative Psychotherapie und Entfaltung (MPE)* bietet seit ihrer Gründung 1974 ein breites Themenspektrum in Selbsterfahrung und Fortbildung an. Hier findet jeder einzelne genügend Platz, seine eigenen Stärken, Interessen und Fähigkeiten im musischen Bereich kennenzulernen. Breiten Raum geben wir dabei der Feedback-Runde, dem gemeinsamen Gespräch über die von den Teilnehmern gestalteten Objekte. Als Motto über die Arbeit der *MPE* könnte man die folgenden Sätze Goethes stellen:

Wir sollten weniger sprechen und mehr zeichnen. Ich meinerseits möchte mir das Reden ganz abgewöhnen und wie die bildende Natur in lauter Zeichnungen fortsprechen … Ja, wer nur ihre Bedeutung recht zu entziffern vermöchte, der würde alles Geschriebenen und alles Gesprochenen bald zu entbehren imstande sein!

ARBEITSGEMEINSCHAFT FÜR MUSISCH-KREATIVE
PSYCHOTHERAPIE UND ENTFALTUNG (MPE)

1974–1976 • Freie Gestaltungen im Selbsterleben
1977 • Gestaltungen und Wahrnehmungsübungen als
Herausforderung zum therapeutischen Dialog
• Das Medium der selbstgefertigten Handpuppe als
Weg zum therapeutischen Dialog
1978 • Wie kann ich im Aufnehmen und Beenden von
Beziehungen den Weg zu mir selbst finden
• Gestaltung – Gestalt – psychodramatische Figura-
tion
• Diagnostische und therapeutische Aspekte im
Umgang mit Gestaltungen
• Musik und Bild als Zeichen – Zeichnen nach
Musik
1979 • Themenzentrierte Kombination von eigener
Gestaltung und Figuration
• Märchen – als Medium zur eigenen kreativen
Konfliktbewältigung
• Selbsterfahrung eigener Gestaltungen in der Ent-
spannung über das Autogene Training
• Selbsterfahrung über die selbstgefertigte Maske
1980 • Märchen als transpersonelles Erlebnisfeld
• Beziehungsklärungen über Spiel-Gestaltungen
• Wie kann ich im Aufnehmen und Beenden von
Beziehungen den Weg zu mir selbst finden
1981 • Ich – Du – Wir
Wo komme ich her – wo gehe ich hin – wo bin ich
zuhause
• Wie gestalte ich meinen Lebensraum
• Imaginationen und Autogenes Training
1982 • Wege – um ins eigene Gleichgewicht zu kommen
• Mein Lebensmärchen
• Ich – mit mir
Ich – mit Dir
Ich – mit uns
• Musisch-kreative Phantasieentfaltung

1983 • Erlebte Reifungskrisen, gespiegelt im Märchen
1984 • Reifungskrisen – Individuationsprozeß
 • Wahrnehmungen: taktil – optisch – akustisch
 • Selbsterfahrungsgruppe über Collagen (Collage-Decollage-Rollage-Assemblage-Chiasmage-Crumplage)
1985 • Innen = Außen, Außen = Innen
 • Gestaltete Wandlung
1986 • Handpuppe
 • Ich und Du (Masken)
 • Innen = Außen, Außen = Innen
 • Gestaltete Wandlung im Märchen
1987 • Sehen – Fühlen – Hören – Gestalten
 • Geben – Nehmen
 • Gestaltungen und Figurationen
 • Meditatives Tonen
1988 • Licht und Schatten
 • Gestaltungen aus dem Unbewußten, spielerisch umgesetzt im figurativen Spiel
1989 • Quellen der Kraft
1990 • Kunst im Leben
   Lebens-Kunst
 • Körper – Seele
   beseelter Körper
1991 • Multimediale Psychotherapie
 • Ich – Du – Wir – in der Familie
1992 • Deutsche Volksmärchen und ihre Symbolik als gestalterische wie figurativ-psychodramatische Gleitschiene zum therapeutischen Dialog
 • Körper – Geist
   Leib – Seele
   Wie lerne ich meine Körpersignale verstehen
 • Meditatives Tonen
 • Wahrnehmungen
   erlebt – gestaltet – erfahren

M. Mirjam Schröder (*1924) Medizinstudium in Breslau und Tübingen. Schülerin von Ernst Kretschmer, Promotion in Tropenmedizin in Tübingen, Diplom für Schiffs- und Tropenmedizin in Hamburg. Eigene künstlerische Arbeiten. Zugang zur Psychotherapie bei den 1. Lindauer Psychotherapiewochen 1950 durch Heyer, Wittgenstein, Winkler und Zippert. Psychotherapeutische Weiterbildung und Arbeit mit Kindern, später in gleicher Weise mit Erwachsenen.
Ab 1966 Referentin auf den Psychotherapiekongressen in Lindau, Lübeck, Langeoog und Aachen, Badgastein, Brixen. 1974 Gründung und Aufbau der Arbeitsgemeinschaft für musisch-kreative Psychotherapie und Entfaltung (MPE). Selbsterfahrungsgruppen, Blockseminare sowie Kombinationen mit anderen psychotherapeutischen Verfahren (Rollenspiel / Musik / Tanz / Autogenes Training / Bewegung, aber auch systemische Familientherapie u. a. m.). Diverse Veröffentlichungen in Fachzeitschriften; Mitbegründerin der Internationalen Gesellschaft für Kunst, Gestaltung und Therapie (IAACT), Mitbegründerin wie Lehrtherapeutin der Arbeitsgemeinschaft für Integrative Psychoanalyse, Psychotherapie und Psychosomatik Hamburg (APH). Klinikerfahrungen in Deutschland und in der Schweiz. Heute freie eigene ärztliche Kassenpraxis für Psychotherapie/Psychoanalyse.

Berufliche Mitgliedschaften:
- Allgemeine Ärztliche Gesellschaft für Psychotherapie e.V. (AÄGP)
- Deutsche Gesellschaft für Autogenes Training und Hypnose e.V.
- Deutsche Balintgesellschaft e.V.
- Internationale Gesellschaft für Kunst, Gestaltung und Therapie (IAACT/Gründungsmitglied, Fachbeirat)
- Arbeitsgemeinschaft für Integrative Psychoanalyse, Psychotherapie und Psychosomatik Hamburg (APH/ Gründungsmitglied, Lehrtherapeutin)

- Hamburger Arbeitskreis Psychosomatik und Psychotherapie e.V. Groddeck-Institut
- Leitung der Arbeitsgemeinschaft für musisch-kreative Psychotherapie und Entfaltung (MPE)

M. Sabine Schröder (* 1951) Studium der klinischen Heilpädagogik/Psychologie, Philosophie 1971–1981 in Hamburg und Fribourg. Promotion in Zürich, Psychotherapeutenausbildung (Certified Expressive Therapist, CET). Musische Aktivitäten seit früher Kindheit. Seit 1976 klinische Arbeit (psychotherapeutische Arbeit mit Kindern, Jugendlichen und Erwachsenen) sowie Mitarbeit an kinder- und jugendpsychiatrischen Beobachtungsstationen. Heute Teilzeitarbeit im Kinder- und Jugendpsychiatrischen Dienst als klinische Psychologin (FSP) und Psychotherapeutin (FSP) sowie eigene freie psychotherapeutische Praxis in Luzern. Seit Jahren Referentin bei in- und ausländischen Fachkongressen.

Mitarbeiterin und Gründungsmitglied der Arbeitsgemeinschaft für musisch-kreative Psychotherapie und Entfaltung (MPE) und in der Internationalen Gesellschaft für Kunst, Gestaltung und Therapie (IAACT) sowie Mitarbeiterin in der International School for Interdisciplinary Studies (ISIS).

Berufliche Mitgliedschaften:
- Internationale Gesellschaft für Kunst, Gestaltung und Therapie (IAACT/Gründungsmitglied)
- Vereinigung der Absolventen des Heilpädagogischen Instituts der Universität Fribourg (VAF)
- Schweizerischer Fachverband für Gestaltende Psychotherapie und Kunsttherapie
- Arbeitsgemeinschaft für musische-kreative Psychotherapie und Entfaltung (MPE/Gründungsmitglied)
- The National Expressive Therapy Association (NETA)
- Föderation der Schweizer Psychologen (FSP)